Louanges aux cristaux

© 2024, Anne-Lise Le Saint

Édition : BoD · Books on Demand, 31 avenue Saint-Rémy,

57600 Forbach, bod@bod.fr

Impression : Libri Plureos GmbH, Friedensallee 273,

22763 Hamburg (Allemagne)

ISBN : 978-2-3225-0669-9

Dépôt légal : Décembre 2024

Anne-Lise Le Saint

Louanges aux cristaux

Poésies « comme des prières »

« Si j'étais un cristal, je serais ce petit caillou, qui sous nos pas, nous chavire ailleurs… et qui roule sur le chemin pour nous montrer la voie »

Ces louanges et les vertus attribuées aux cristaux n'ont pas de valeur scientifique. Elles touchent notre être profond comme une prière ou un mantra, comme une intention, ou comme une autosuggestion...

Pourquoi ne pas laisser notre part d'innocence accueillir leur enchantement et...

Y croire... ! Tout simplement.

Prologue

Depuis des millénaires, la beauté des cristaux fascine, Mais ils sont plus singulièrement utilisés pour leurs dits : « Pouvoirs ».

Ces éléments naturels incomparables, par les qualités qui leurs sont attribuées, offriraient des perspectives d'approche singulière d'une science hors du commun.

Leurs vertus s'adresseraient au corps physique, mais accorderaient également une importance considérable au corps émotionnel et spirituel.

En général, l'utilisation des gemmes privilégie une approche globale de l'être, l'incluant dans un contexte social et environnemental. Elle base son action sur une conception de la vie où toute composante s'envisage dans un réseau de relations et d'interdépendances.

La personnalité et l'équilibre proviennent des relations entre différents aspects de notre être, en changement permanent.

Les substances constamment renouvelées qui circulent dans notre corps, les prédispositions issues de l'héritage familial, les fonctions psychiques et le quotient émotionnel sont interdépendants et conditionnent nos états d'âme en permanence.

Nos émotions influencent l'activité du mental, de la conscience et du psychisme, ainsi que sur l'opportunité de développer notre capacité d'éveil. Le mental, la conscience et l'ouverture d'esprit influencent à leur tour nos perceptions et nos émotions.

Nos choix de vie, notre comportement, nos idées, sont sans cesse intriqués dans un système multifactoriel.

Ces modes de vie, auxquels notre mental s'identifie forgent notre personnalité.
Alors que nous croyons être ce que nous voulons délibérément être, nous sommes le résultat d'une addition et d'une corrélation d'éléments et d'énergies déterminantes.

Les Cristaux auraient une action mystérieuse et non prouvée scientifiquement sur notre esprit. En fonction de la confiance que nous accordons à leurs propriétés, ils pourraient agir principalement sur des plans subtils.

Les Cristaux stimulent évidemment par leur beauté. Et ils pourraient intervenir sur un état d'équilibre perdu, et sans aucun doute, inconscient, en définissant de manière joyeuse et ludique, une nouvelle harmonie au cœur de l'être.

Il est dit que certains Cristaux absorberaient les énergies nocives et les rayonnements nocifs. Ils nous protègeraient du « mauvais œil », et des ondes perturbatrices. Ils étaient utilisés parfois lors de rituels pour purifier l'environnement et harmoniser les mémoires à l'origine de souffrances et de conflits.

Les magiciens et sorciers font intervenir plusieurs Cristaux, afin de bénéficier de la synergie existante entre eux. Certains se repousseraient alors que d'autres se soutiendraient mutuellement. Le choix des associations réclamerait une certaine prudence.

Pour nous guider, la littérature abondante sur le sujet, propose un répertoire de problématiques associées à différents cristaux.

Mais nous pouvons aussi, nous fier à notre intuition, et nous laisser attirer par certains cristaux en particulier.

Origine des Cristaux.

Les Cristaux sont des corps solides formés au fil du développement de la Terre.

Ils pourraient être une représentation de « L'ADN terrestre », la mémoire chimique de l'évolution de notre planète.

Leur structure interne est étonnante et attrayante.

L'interaction de leurs couleurs avec les propriétés qui leurs sont allouées est une piste pour choisir nos cristaux en conscience.

Voici un recueil de louanges simple et purement artistique pour adorer ces précieux trésors de la nature !

Aegyrine

Oh Pierre D'Aegyrine suscite en moi la conviction !

Favorise ma Vérité personnelle, comme une évidence.

Ta puissante énergie régénératrice, répare, reconstitue et consolide.

Je te demande avec enthousiasme de charger mon « être « d'énergies puissantes et de permettre au Divin de se manifester dans ma vie !

Avec toi, j'affronte déjà plus naturellement mon « Destin ».

Je sens un engagement profond et une attirance pour ce qui jusqu'alors ressemblait à un devoir.

Je te rends grâce pour tes capacités à préserver mes ressources vitales afin de rester centré sur mes besoins essentiels.

En ta compagnie, je me sens plus libre, et l'expression de ma personnalité s'exprime avec puissance et charisme !

Aegyrine, je me sens plus motivé, plus enjoué et mon corps sait accumuler les réserves d'énergie.

Je constate avec joie que tu es en mesure de réparer l'enveloppe subtile de mon aura.

Je t'ai vu à l'œuvre avec virtuosité lorsque tu sais faciliter la vie en général.

Je ne vais plus par quatre chemins, et tes énergies amplifient la certitude de mes choix.

Tes valeurs de franchise et d'authenticité fortifient mon amour propre, et je me sens plus fier, plus indépendant et courageux.

La sincérité et l'authenticité que tu me souffles, me procure enthousiasme, ardeur et audace.

Je me sens plus en phase avec mes souhaits

Je fais la différence entre besoins et envies.

Grâce à ta puissance, je mets plus de cœur dans mes actions et cela me fait le plus grand bien.

Aegyrine, tu es largement utilisée en lithothérapie pour transformer les pensées négatives en positives.

Je te remercie pour le regard nouveau que tu offres à ma perception.

Tu me permets de globaliser, de cerner l'essentiel dans ma vie, et je me sens vraiment encouragé à suivre ma propre vérité sans avoir le sentiment de contredire ou désobéir.

Au plus près des aspirations de mon âme, je place davantage de conviction dans mes pensées, mes paroles et mes actes, sans plier sous l'influence de mon entourage ou d'idéaux.

Tu es un cristal de positionnement et de cohérence.

En ta présence, je m'autorise pleinement et avec Amour à faire ce qui me convient le mieux.

Enfin je m'écoute davantage et je suis moins influençable.

Tu m'aides à fixer mes objectifs avec davantage de Sagesse pour accueillir joyeusement mes souhaits les plus précieux.

Moins réticent et plus optimiste, tes énergies m'offrent une qualité de vie supérieure car j'agis avec Amour, motivation, conviction et de tout mon cœur.

Merci Merci Merci.

Agate Blanche

Ô Toi Pierre de la paix, tu symbolises aussi la pureté.

Attire mon attention sur les sensations et les sentiments positifs !

Libère-moi des appréhensions, des peurs, des angoisses et des paniques !

Clarifie mon esprit revêche !

Tu es une bénédiction pour la fécondité masculine, comme la pierre de lune pour les femmes. Agate blanche, tu es le cristal des liquides du corps tels que le lait maternel, le sperme, la lymphe et j'ai entendu dire que tu contribuais au volume sanguin.

Prends soin de ma peau et de son hydratation.

Tu es souvent associée au rubis, au "bois sacré" et à l'améthyste pour aider à vaincre les dépendances.

En harmonisant le Yang, merci d'atténuer ma sensibilité aux changements de saison.

Merci Merci Merci.

Agate du Botswana

Ô Chère Agate du Botswana, toi qui active les plans multidimensionnels de l'être, je t'invoque pour me protéger de l'environnement, en absorbant les énergies négatives.

Tu es la pierre des solutions, et grâce à toi je ne me m'apitoie plus sur mon sort.

Tu stimules la créativité, et le goût de l'aventure, en ouvrant l'esprit et la conscience vers une autre réalité.

Protectrice du clan et de la famille, tu amplifies l'énergie d'Amour.

Je sais que tu protèges efficacement contre l'intrusion d'esprits indésirables.

Tes vertus transmutent et diffusent de la lumière à tous les esprits des vies antérieures, ou les parents, ou maîtres et gourous du passé qui tenteraient de contrôler le présent en se servant des liens ou blessures enfouies dans les souvenirs !

Tu es une agate particulière ; censée repousser les araignées.

Enseigne-moi que la sexualité fait partie de la nature humaine, et que la sensualité est son enveloppe subtile et tendre.

Absorbe toutes les matières toxiques, et les miasmes de molécules chimiques qui m'encombrent.

Merci d'oxygéner mon cerveau, ma poitrine, et mon système nerveux.

Merci Merci Merci.

Agate Feu

Tu es la pierre de la Terre.

Avec toi, Je me sens en sécurité !

Tu m'offres l'apaisement et l'ancrage nécessaire lors des périodes difficiles.

Tu m'accompagnes dans l'introspection de mon psychisme, et me guides pour résoudre mes problèmes de manière pragmatique et efficace.

Tu es un bouclier autour de mon champ énergétique.

Tu me protèges contre toutes les malédictions.

Ta présence à mes côtés, favorise ma libido et le goût de la vie.

Tes fréquences vibratoires procurent de l'énergie au chakra de base stimulant l'énergie vitale et l'action.

Tu dissous les envies et désirs destructeurs.

Tu es une pierre constructive, matérialiste et réaliste.

Avec toi, J'ai le droit de me détendre tranquillement, en confiance.

Tu inspires les jardiniers et enrichis la terre.

Tu es la pierre de l'action sereine animée par la force de mon âme incarnée.

Sur le plan physique, tu soignes l'estomac. Tu calmes mon système nerveux.

Tu es très précieuse pour l'équilibre hormonal.

Tu rééquilibres le triple réchauffeur.

Tu accompagnes tous les traitements qui concernent le sang et la circulation.

Tu apportes rapidement la fraicheur dans le corps et tu répares les chakras éclatés !

Merci Merci Merci.

Agate mousse

Oh Pierre d'Agate Mousse, Stabilise-moi et positionne mon starting block !

Le temps est venu m'annonces-tu.

Permets-moi d'être animé par la beauté du monde en éveillant comme tu sais le faire la conscience Divine au cœur de mon être et de tout ce qui m'entoure.

Je te demande humblement d'amoindrir ma sensibilité excessive au monde environnant.

Avec toi, je suis déjà moins vulnérable au chaud, au froid, et à la pollution.

Je te rends grâce d'octroyer à la nature le don de me ressourcer. Je sais que les grands espaces et le monde végétal sont pour toi des maîtres.

J'ai appris que tu portais Bonheur !

En ta compagnie, je me libère de la douleur physique et de la souffrance morale.

Tu sais apaiser et rafraichir !

Agate Mousse, ton nom si doux m'accompagne avec douceur et tendresse vers un nouveau commencement. Quelque chose de nouveau s'engage en moi quand tes vibrations me caressent. Je deviens plus souple, plus flexible, faisant place au changement avec aisance et indulgence. Je suis bienveillante et tendre avec moi-même.

Je constate déjà que les blocages et les obstacles cèdent et me libèrent.

Je t'ai vu à l'œuvre lorsque tu donnes à ma vie plus d'abondance, plus de confort et de bien-être. Tu apaises mes ardeurs excessives et mes obsessions. Tu laisses entrer en action en limitant les pensées réactionnelles ou compulsives.

Agate Mousse ! Stimule mon intuition ! Apaise mon intellect ! Canalise mes pensées !

Et je t'en prie, prends soin de féconder tous les aspects positifs de ma personnalité !

Allège mes peurs, et neutralise tout stress profondément enraciné !

Défais-moi de toute cette stagnation qui avait pris ma vie !

Protège-moi contre la dépression réactionnelle. Près de toi je me sens capable maintenant de tenter une fois encore !

Agate Mousse, tu es la pierre du rétablissement après de longues ou laborieuses épreuves et récurrents schémas.

Dans mon corps fragile, tu sais dompter les inflammations des ganglions. Tu es la pierre de la lymphe et de la circulation du sang, donnant libre cours à la joie.

Depuis que je te connais je me sens plus équilibré, j'ai moins besoin de sucre, et je m'hydrate efficacement.

Ma peau est plus claire, j'élimine.

Toute les Agates ont des fréquences vibratoires identiques à la poitrine, aux seins et à la féminité. Sainte Agathe est invoquée pour guérir les cancers du sein.

Il est dit que l'on fait appel à tes dons suprêmes pour traiter les infections, les fièvres, et les champignons.

Merci de rétablir mon organisme et de mobiliser toutes les énergies stagnantes dans mon corps et dans mon « être », afin que je me lance à nouveau dans la vie.

Merci de m'aider à recommencer pour plus d'élan et d'Amour...

Plus d'élan et d'Amour...

Plus d'élan et d'Amour...pour recommencer.

Merci Merci Merci.

Aigue Marine

Tu es la pierre du bavardage mental !

Tu réduis le stress des personnes sensibles et extra-lucides.

Tu calmes l'agitation cérébrale.

Très utile pour le sur efficient mental et pour tous ceux qui dispersent leurs énergies.

Tu fais le tri dans nos pensées trop détaillées !

Tu nous offres plus de clarté et de confiance en ce que nous percevons.

Tu nous permets davantage de tolérance envers nous-même et les autres.

Tu canalises nos énergies, nos actions et nos projets.

Tu dissipes le doute, la confusion et tu affines notre intellect.

Avec toi, nous sommes en mesure de décider et de faire preuve de discernement.

Nous comprenons peu à peu nos états émotionnels et nous les interprétons avec justesse.

Tu es une pierre qui protège et aligne les chakras nous offrant une meilleure cohérence entre nos pensées, nos paroles et nos actes.

Notre expression et communication gagne en fluidité, en crédibilité.

Je ne me sens plus paralysé devant le flot d'informations qui me submerge.

La méditation en ta compagnie me connecte avec la conscience supérieure, et affine mon intuition.

Tu es utile pour la gorge, la thyroïde, les parotides, et l'hypophyse en surrégime ; pour le cou et la nuque.

Tu es un tonique général, agissant sur le sommeil et les neurotransmetteurs.

Tu nous débarrasses de toute pression, hypersensibilité et hyperactivité.

Tu harmonise le méridien de l'estomac et l'organe même.

Tu prends soin des dents, les névralgies, les gencives, et tous les nerfs à fleur de peau.

Tu compenses presbytie et myopie amenant une vision plus globale et harmonieuse.

Tu es une pierre globalisante et apaisante

Nos projets prennent forme et aboutissent.

Nos relations sont plus paisibles et nos discours moins empressés et agacés.

T'adopter, c'est me permettre enfin de me mettre au service de l'humanité avec dignité, sérénité et élégance.

Merci Merci Merci.

Alexandrite

Donne accès à l'intuition et aux facultés métaphysiques ! Fortifie ma volonté, et le magnétisme ! Rétablis ma dignité et soutient la renaissance du moi !

Aligne le mental avec l'émotionnel et le spirituel ! Apporte la Joie !

Accélère le changement !

Enseigne comment me dépenser moins !

Soigne mon système nerveux, mes organes reproducteurs, mon sang, mes muscles du cou et mon foie !

Merci Merci Merci.

Angélite

Energie de paix.

Tu nous relies activement à notre Ange Gardien

Tu accrois les perceptions extrasensorielles.

Toi Angélite, tu me protèges des énergies négatives évacuées par les autres.

Tu es une pierre de prédilection pour le Chakra de la gorge.

Tu offres la possibilité d'exprimer au lieu de somatiser.

Tu aides à passer les difficultés de notre vie, et les longues périodes de maladie.

La gemmologie t'utilise pour tes qualités diurétiques très utiles pour les reins.

Tes énergies sont censées nettoyer le sang et dynamiser le foie.

Tu peux être placée dans la chambre des enfants et des bébés pour les protéger et les rassurer.

Tu sais guérir l'enfant intérieur.

Ton nom évoque les anges.

Pourvue d'énergies subtiles, ta densité vibratoire appartient à des plans supérieurs de conscience.

Tu es une pierre que l'on utilise pour aider "à sauver les apparences".

Tu es douceur et calme, et tes énergies soutiennent efficacement les personnes qui ont tendance à dissimuler leur vulnérabilité.

Tu dévoiles les déséquilibres intérieurs et nous aide à changer.

Tu procures sérénité, calme, et beauté...

Tu es utilisée pour agir sur les fluides dans le corps, comme les œdèmes ou la rétention d'eau.

Tu es aussi ressource et assimilation en cas de carences en minéraux.

Merci Infiniment.

Merci Merci Merci.

Apatite Jaune

Oh Pierre D'Apatite Jaune, Suscite en moi l'inspiration !

Favorise mon attitude altruiste et philanthrope en harmonisant comme tu sais le faire la conscience et la matière.

Je te demande humblement de révéler mes dons psychiques et de permettre au Divin de se manifester en moi et dans ma vie !

Avec toi, je médite déjà plus profondément.

Je te rends grâce de laisser monter la Kundalini et l'énergie vitale à travers mon être, et sur tous les plans de mon existence.

En ta compagnie, je communique plus librement, et l'expression de ma personnalité se révèle avec grâce !

Apatite Jaune, je me sens plus motivé, plus enjoué et mon corps sait accumuler les réserves d'énergie.

Je constate avec joie que tu es en mesure d'absorber toute négativité envers moi-même et les autres.

Je t'ai vu à l'œuvre avec brio auprès des enfants hyperactifs. Tu sais apaiser les émotions, et calmer les corps épuisés qui se démènent.

Apatite jaune, Stimule ma créativité, mon l'intellect, et prends soin d'élimine la confusion de mon esprit. Donne-moi accès à l'intelligence, au discernement et à la connaissance pour le bien individuel et collectif.

Allège mon chagrin, et neutralise toute colère enfouie !

Défait-moi de toute irritabilité !

Protège-moi contre l'épuisement et la fatigue chronique.

Apatite jaune, tu es la pierre du calcium et des os, tu équilibres le corps physique, mental, émotionnel et spirituel. Tu prends soin du chakra du plexus solaire qui vibre dans l'estomac.

Tu sais dompter la sensation de faim, liée au vide intérieur.

Depuis que je te connais je suis encouragé à manger plus sain et équilibré.

Il est dit que l'on fait appel à tes dons suprêmes pour éliminer la cellulite, soigner le foie, l'estomac, le pancréas, la vésicule biliaire, et la rate.

Merci de purifier mon organisme et de mobiliser toutes les énergies stagnantes qui m'empêchent d'avancer.

Merci de m'aider à me concentrer pour réfléchir et puis…agir,

Pour Réfléchir et puis…agir,

Pour Réfléchir et puis…agir.

Merci Merci Merci.

Béryl doré

La pierre de l'aboutissement.

Pierre de Béryl doré, ou « Héliodore », tel est le nom que l'on te donne, je t'invoque pour filtrer et faire le tri dans ma vie !

Apprends-moi à aller vers l'essentiel !

A Organiser ! Mettre de l'ordre !

Permets-moi d'obéir aux lois qui animent mes objectifs, afin de m'accorder au résultat sans détours et procrastinations.

Tu sais écarter les distractions, et les tergiversations.

Je reconnais en toi un allié pour visualiser et interroger l'avenir, afin de percevoir clairement le résultat que mes actes induisent.

J'ai appris que tu actives le chakra coronal et le plexus solaire donnant à mes qualités de visionnaire plus de pondération et d'orientation.

Je de demande « Héliodore » d'activer mon courage !

Tes énergies sont excellentes pour faire cesser la pression mental, la stimulation excessive du cerveau gauche, et l'analyse exagérée source d'anxiété.

Déjà je me sens plus calme, et mon mental s'apaise.

Je suis positif, engagé.

Béryl doré, il est dit que dans les temps anciens tu étais une pierre de prédilection pour les organes d'élimination et de filtre dans l'organisme ; et cela se comprend.

Tu fortifies les poumons et le système circulatoire.

Tes forces donnent à mon corps plus de résistance face aux polluants.

Les grands sages guérisseurs font appel à ton grand secours en cas de commotions cérébrales, quand les choses dans la tête semblent manquer d'espace.

Tu oxygènes, tu clarifies, et encourages la mise en forme.

Je sais que tu rallumes l'amour et le feu ardent de la joie qui donne à la routine une chaleur et une couleur différente.

Béryl doré, j'ai appris que tu pouvais « donner le soleil ».

C'est avec gratitude que je reçois ta lumière.

En ta compagnie, je peux sentir la pureté de mon être briller et choisir la réussite.

Tu me donnes la force d'être autonome, et de mettre en œuvre tout le potentiel que mon âme recèle.

Je t'aime, parce qu'avec toi, je veux... je peux... et je réalise.

Merci Merci Merci

Brazilianite

Tu es la pierre de la liberté.

Tu nous permets de connaitre et considérer nos frontières et celles des autres.

Tu nous apprends à dire « non ».

Ta présence à nos côtés, empêche l'intrusion psychique au sein de notre espace personnel

Tes fréquences vibratoires transmutent notre état d'esprit de victime en état de noblesse et de fierté légitime.

Avec toi, j'ai le droit d'être fier, et je m'autorise à le montrer.

Tu es la pierre de l'action précise, animée par la justice Divine.

Avec ton soutien, je suis en mesure d'imposer des règles, d'organiser, et de montrer la voie à ceux qui mettent leurs limites et mon pouvoir personnel à l'épreuve.

Tu m'aides si les autres dépassent les bornes.

Tu enseignes à élargir nos frontières si celles-ci sont trop étroites et donnent les moyens aux êtres les plus habiles d'entrer dans notre champ énergétique.

Tu nous apprends à prendre nos responsabilités, et à remettre les autres aux leurs.

Tu dissous et mets en lumière nos peurs à l'origine de cette propension à donner notre pouvoir à l'autre.

Tu nous permets de prendre conscience en toute quiétude de nos vulnérabilités.

Tu libères au-delà du pardon.

Ce pardon vis-à-vis de nous-même que nous n'avons pas su jusque-là nous accorder. Brazilianite, tu me l'offres !

Et maintenant je sais me ménager et m'aimer autant que j'ai aimé les autres

Tu m'apportes une force intérieure que jamais encore je n'avais expérimentée.

C'est la Liberté que tu me donnes !

Tu favorises les échanges cellulaires, et la circulation de l'énergie vitale, donnant aux fluides corporels une nouvelle dynamique !

Tu soutiens les reins, et dépollues le corps des métaux lourds.

Merci Merci Merci.

Calcédoine Dendritique

Calcédoine Dendritique, oh toi Pierre nourrissante, favorise autour de moi et en moi la fraternité, tout en renforçant ma stabilité au sein des groupes sociaux !

Révèle en moi ce don de télépathie dont tu fais preuve !

Absorbe l'énergie négative puis dissipe-la, pour empêcher sa retransmission !

Instille au cœur de mon être, des sentiments de bienveillance et de générosité !

Transforme ma mélancolie en joie !

Allège les doutes que je porte sur moi, et facilite ma réflexion intérieure afin qu'elle soit plus constructive !

Sers-toi de ton puissant pouvoir de nettoyage et de purification !

Améliore l'assimilation des minéraux par mon organisme et accrois mon énergie physique !

Équilibre mon corps, mes émotions, mon mental, et mon esprit !

Et comme tu sais le faire, soigne mes yeux, ma vésicule biliaire, mes os, ma rate, mon sang, et mon système circulatoire !

Donne plus de précision et de clarté à ma réflexion !

Favorise la communication calme et détendue, afin que je ne me sente plus sous pression ou attaqué !

Encourage-moi à vivre davantage dans le présent et aide-moi à affronter les questions déplaisantes !

Insuffle la joie dans ma vie et mes expériences !

Incite-moi à une approche amicale des autres, exempte de jugement !

Toi la Calcédoine Dendritique prends soin de mes maladies chroniques, de mes problèmes associés au tabagisme, et à mon système immunitaire !

Favorise l'assimilation du cuivre dans mes cellules et détoxifie mon foie !

Je te prie, en tant que femme, d'atténuer avec douceur les inflammations de mes organes sexuels !

Merci de guérir le muguet (candida albican) de tous ceux qui te porte sur eux.

Je te rends grâce pour tous ces dons que la nature t'octroie depuis des millénaires sur cette planète qui me reçoit aujourd'hui et maintenant.

Merci Merci Merci.

Calcédoine

Tu es la pierre de la fraternité et de l'enthousiasme.

Portée au sein d'un groupe, tu stabilises les liens et tu renforces la camaraderie.

Très pratique pour la transmission de pensée et la perception du langage non verbal.

Utile pour harmoniser les pensées et les émotions avec le corps.

Avec toi, je fais preuve de générosité sincère et authentique.

Je suis plus bienveillant et attentionné.

Calcédoine, tu es en mesure d'absorber toutes mes énergies négatives,

Permettant des relations plus ouvertes et sans projections.

Tu me procures la joie.

L'enthousiasme !

Avec toi, je ne doute plus de moi.

Mes pensées et projets sont construits et féconds.

Tu dissipes les émotions négatives et les mauvais rêves.

En ta compagnie, je peux donner le meilleur de ce que je suis, et rayonner autour de moi.

Tu es une pierre qui nettoie le corps, et amplifie l'énergie physique.

Tu es utilisée traditionnellement pour soignera les yeux, la vésicule biliaire et la rate.

La circulation du sang est ton domaine privilégié.

Le sang est le véhicule de la Joie

Tu fais circuler librement les énergies, les fluides et la gaieté !

Merci Merci Merci.

Calcite Orange

Tu es une Purificatrice énergétique.

Tu écartes les énergies négatives et intensifies l'énergie personnelle.

Tu élimines l'énergie stagnant dans le corps.

Tu engendres l'intelligence émotionnelle, calmes l'esprit, enseignes le discernement et l'analyse, stimules l'intuition, et intensifies la mémoire.

Permets-moi de décider quelle information est importante, puis de la retenir !

Stabilise-moi !

Purifie mes organes d'élimination !

Favorise l'absorption du calcium dans mon organisme, en détruisant la calcification !

Allège mes troubles intestinaux et dermiques !

Pierre très énergisante, équilibre mes émotions, écarte les problèmes, et maximise mon potentiel !

Soigne ma vésicule biliaire, et élimine le mucus de mon organisme !

Merci pour tes vertus, auprès de toi, je me purifie.

Merci Merci Merci.

Calcite Verte

Pierre purifiante.

Tu écartes les énergies négatives.

Tu amplifies mes énergies personnelles.

Procure-moi de l'énergie sur tous les plans de mon existence !

Fluidifie et élimine les fluides stagnants dans mon corps !

Je sais que tu accélères le développement personnel et permet d'accéder à la conscience supérieure.

Harmonise mes émotions à l'intellect pour accroitre mon intelligence émotionnelle !

S'il te plait ! Redonne-moi espoir et motivation !

Tu es connue pour ton discernement et ton analyse rationnelle et spirituelle.

Tu incites à l'action juste et créative.

Et tu es utile pour les études et les apprentissages.

Donne-moi confiance en mon potentiel créatif !

Tu es utilisée pour les défenses immunitaires et les émonctoires ; soigne mes verrues et mes plaies !

Je sais que tu peux dissoudre les convictions trop rigides et caduques, attribuant un élan nouveau.

Calcite verte, tu es mon réconfort.

Tu me donnes l'énergie nécessaire pour lâcher ce qui est sécurisant mais qui doit être abandonné.

Ton action sur les muscles, les ligaments et l'élasticité de la peau me procure souplesse et rajeunissement.

Le bien-être que tu me procures, sur le plan mental, calme mes émotions issues de la colère. Merci Merci Merci.

Cavansite

« Cristal de l'examen de conscience »

Oh Pierre de Cavansite, je t'attendais !

Le temps est venu de me défaire des affections récurrentes et des symptômes qui tournent en boucle.

Tu es un Cristal de purification métaphysique.

Je te demande d'affiner ma réflexion personnelle, afin de guider l'examen de conscience dans lequel tu m'engages.

Avec toi, je suis déjà plus inspiré, plus réfléchi.

Je te rends grâce pour le pragmatisme et l'esprit logique dont je fais preuve à tes cotés.

J'ai appris que tu corrigeais les comportements nuisibles !

En ta compagnie, je me libère de tout programme ancré et nocif.

Cavansite, ton nom renferme tant de secrets....

Je t'ai vu à l'œuvre lorsque tu laisses remonter promptement les mémoires des vies antérieures. Lorsque les traumatismes se dessinent, s'analysent et s'entourent d'une compréhension logique et rassurante.

Tu sais dissoudre l'appréhension, l'inquiétude et la confusion.

Cavansite ! Je te sens agir en moi, lorsque ma réflexion se précise, et que mes actes se fondent sur des pensées profondes et raisonnées.

Je sens aussi ton œuvre, lorsque ma communication facilitée s'arbore de propos construits, clairs et hiérarchisés.

Méditer dans l'étreinte de tes énergies active la connexion avec la Conscience Universelle !

Je canalise les informations que je reçois de la source, et grâce à toi, je suis en mesure de les conscientiser, de les énoncer pour mieux les appréhender !

Pierre de conscience ! Donne au flot de mes pensées, un réceptacle d'aboutissement, afin que plus jamais, elles ne se noient dans l'océan de confusion.

Cavansite, tu es une pierre de la régénération karmique.

Dans mon corps fragmenté, empêché, et confus, tu sais façonner l'ADN et activer la guérison cellulaire.

Tu es un cristal essentiel pour les yeux, les dents, le sang, les reins.

En lithothérapie, tu sers d'antidouleur.

Tu es traditionnellement utilisée pour traiter les troubles auditifs, les acouphènes et les troubles endocriniens.

Pierre de Calcium, tu es en affinité avec le squelette en lien avec la Terre, les ancêtres, et les vies antérieures.

Les thérapies chinoises font appel à tes dons pour réguler les pulsations des cœurs dont les énergies sont morcelées et dispersées.

Depuis que je te connais je me sens comme recadré dans le présent.

Le passé et le futur se réconcilient avec grâce et fusionnent dans la Lumière de l'instant présent.

Mes pensées aboutissent !

Mes actes sont plus posés.

Mes paroles gagnent en clarté.

Je suis mieux comprise...parce que j'ai appris à tes côtés, à mieux me concevoir.

Je me sens à l'aise dans mon corps que tu me permets d'habiter pleinement.

Merci de rétablir mon ADN en résonnance avec la Conscience Universelle.

Merci pour cet examen de conscience accompli avec ardeur et optimisme.

Merci de m'aider à aller jusqu'au bout des pensées qui me traversent.

Tes énergies subtiles m'offrent maintenant la capacité de saisir le cours des choses, dans une globalité constructive et guidée.

Quelle maîtrise ! Et quelle suite dans les idées !

Cavansite ! Grâce à toi, je ne perds plus le fil, et ma vie devient plus facile !

Merci Merci Merci

Cérusite

Tu es la pierre de l'ancrage et de l'alignement

Tu procures flexibilité aisance et adaptation à l'environnement

Je fais appel à toi pour l'agoraphobie.

Tu facilites le bien-être lors des voyages, des séjours à l'étranger et lorsque l'on déménage.

Pour se sentir chez soi partout.

Tu es utile pour les personnes qui ont l'impression de ne pas avoir leur place sur terre.

En lithothérapie, tu révèles les objectifs Karmiques.

J'ai appris que tu synchronises et adaptes toutes les énergies aux cycles naturels de l'environnement et du métabolisme, en cohérence avec les mouvements cosmo-telluriques.

Tu prends soin de système hormonal et des cycles circadiens.

Tu encourages l'autodétermination.

J'aime ta présence pour parvenir aux compromis psychiques et parvenir à une véritable réconciliation intérieure.

Au-delà du pardon, tu harmonises les conflits dans l'Unicité et l'Amour.

Ô toi Cérusite, tu es la pierre gemme de l'expression et de l'extraversion.

Tu accompagnes le changement avec sérénité, solidité et responsabilité.

Tu facilites le partage, les échanges et la communication, et tu ouvres l'esprit pour une écoute sincère, attentive et véritable de l'autre

Tu agis sur l'équilibrage des hémisphères du cerveau

Je sais que tu es une pierre de prédilection pour les artistes.

Tu protèges aussi les plantes des insectes et des maladies.

Tu tonifies, revitalises, et adaptes le système nerveux.

J'ai entendu dire que tu es utile pour les maladies neurologiques, et les mouvements involontaires.

Merci Merci Merci.

Chrysanthème

Oh toi Pierre de Caractère donne-moi ta poigne en douceur !

Permets-moi d'être fort sans cesser d'être affectueux !

Instille en moi une confiance sereine !

Rayonne en moi l'harmonie, l'équilibre et la joie !

Permets-moi de faire preuve de caractère !

En t'invoquant, Je sais que je peux taper du pied, et garder mon esprit enfantin.

Je te rends grâce pour tes vibrations affectueuses qui comblent les carences de mon cœur.

J'accepte avec joie les changements que tu me montres nécessaire.

Avec toi, je découvre la beauté, et je suis plus réceptif à la valeur des choses, des êtres et des idées.

Alors que mon chagrin s'amenuise, je parviens à m'aimer davantage.

Merci « Chrysanthème » de me trouver digne d'être aimé.

J'attire à moi l'Amour que je m'autorise à recevoir et donner librement.

J'ai davantage confiance en moi, et je reconnais ma propre valeur.

Comme un enfant je sais accepter la douceur et les cadeaux de la vie.

Tu es pour moi un cocon de tendresse, un cœur doux et romantique, que j'apprends à protéger.

« Chrysanthème » tu fortifies mon cœur physique et mon système circulatoire. Grâce à toi, mon corps se purifie, et je respire plus amplement. Tu libères les alvéoles de mes poumons et tu soignes mes reins.

Je trouve aussi mon teint plus lumineux, ma peau plus lisse et grâce à toi je retrouve une lucidité et une clarté au cœur de mes souvenirs. Ma vie devient plus douce, et mon corps manifeste maintenant un bien-être réconfortant.

Je te remercie au centuple pour l'aide que tu apportes à tous les enfants du monde !

Merci Merci Merci

Chrysocolle

Oh toi pierre de la tranquillité, facilite mes méditations !

Absorbe toutes les énergies négatives de mon habitation !

Stimule ma force intérieure, me permettant d'accepter sereinement les circonstances de la vie !

Calme, purifie, charge en énergie tous mes chakras !

Inverse les programmes destructeurs de la culpabilité !

Merci Chrysocolle, d'apaiser mes chagrins

Tu sais améliorer mes capacités à m'exprimer et à aimer.

Tu me permets de prendre conscience de mon fort intérieur pour davantage de discernement émotionnel et mental.

En encourageant la conscience de soi, et l'équilibre des voix intérieures, tu fortifies mon pouvoir personnel.

Tu dissous les phobies. Avec toi, je garde la tête froide.

Chrysocolle, motive-moi et procure-moi de la joie !

Sur le plan physique, tu soignes l'arthrite, les os, les crampes.

Tu harmonises le système digestif.

Tu traites les poumons, en accroissant la capacité respiratoire et l'oxygénation des cellules.

Tu sais détoxifier le foie, les reins et les intestins, en clarifiant le sang.

Tu abaisses la pression sanguine.

Merci Merci Merci.

Cyanite

Oh toi pierre de conciliation, raccommode harmonieusement les différentes facettes de notre être !

Avec toi Cyanite, j'ai plus d'intuition.

Tu me procures patience, pondération, lâcher-prise, et une meilleure notion du temps.

Tu crées un lien très fort entre la tyroïde et le chakra racine.

Grâce à tes énergies, des idées ingénieuses m'apparaissent.

Tu m'éloignes de toute précipitation et d'envie. Je peux grâce à toi considérer les besoins de mon âme avant toute chose.

Je me détends dans le présent en réactualisant les perspectives avec davantage de sagesse et de réalisme.

Tu favorises la communication en valorisant mon être profond et unique.

Pierre d'intuition et d'inspiration, tu traverses la barrière de l'espace-temps et autorises l'exploration du passé, du futur.

Cyanite, tout près de moi dans mon sommeil, tu analyses mes rêves prémonitoires pour les conscientiser au réveil.

Pierre de loyauté, de justice, de vérité, tu harmonises mes relations complexes et toxiques.

Tu es la pierre de connaissance de soi.

Cyanite, je te remercie de m'aider à dépasser les colères, les peurs, les frustrations et d'harmoniser mes conflits intérieurs qui sabotent mes rencontres.

En ta présence, je suis plus logique, déterminé et lucide.

Merci Merci Merci

Dioptase

Cristal de « Reconstitution »

Tu es une pierre de Cœur !

Tu m'aides à vivre dans le présent, en accédant facilement à la conscience supérieure qui libère le passé et les blessures affectives.

Dioptase, tu sais ramener mes souvenirs pour mieux les laisser partir.

Tu purifies mes pensées et mon mental.

Grâce à toi, je me défais du besoin de contrôler les autres, en me permettant de m'accorder avec mes ressources personnelles.

Tu m'aides à surmonter tout sentiment de manque, ou de vide...de frustration et de manque.

Tu guéries mon enfant intérieur.

Tu dissipes le chagrin, la trahison, la tristesse.

Avec toi Dioptase, mon âme sort de la peine, et de la douleur de l'abandon.

Avec toi, je comprends mes difficultés relationnelles ou comportementales.

Tu m'enseignes que toute épreuve douloureuse dans une relation, est le reflet intime de la séparation intérieure du soi.

En méditant en ta compagnie, je peux me connecter à l'unité parfaite de mon être.

Tu me donnes la plénitude nécessaire pour combler le vide qui me pousse sans cesse à trouver réconfort, amour et tendresse à l'extérieur.

Tu es là pour me défaire des programmes et des idées préconçues sur l'amour et la justice, en m'apportant une nouvelle vibration affective.

Grâce à toi, je prends la vie comme elle vient, et cela me fait du bien.

J'ai découvert avec toi, ma vraie richesse intérieure.

Sur le plan physique, tu m'offres une vision plus claire.

Tu purifies mon sang.

Tu apaises les douleurs thoraciques et tu allèges la fatigue et les nausées.

Avec toi Dioptase, je surmonte les chocs avec force et ferveur !

Tu es utilisée contre les vertiges, l'hypertension, l'hyperactivité, et l'hyperacidité.

Tu sais aussi soulager mes migraines.

Libératrice du stress, tu es la pierre des cœurs tronqués, tu nous redonnes notre Unité !

Merci Merci Merci.

Dumortiérite

Esprit infini de la Dumortiérite, oh toi Pierre de compréhension, favorise en moi l'organisation, tout en renforçant mes capacités de concentration.

Grande révélatrice et pourvoyeuse des somatisations karmiques ; Que tes énergies prennent soin de transmuter les liens, les contrats, les vœux et les attachements de mes vies antérieures !

Je te demande avec toute la ténacité dont tu fais preuve, de transmuter et de rendre à la « Lumière », toutes les verbalisations nocives que j'ai formulées depuis ma naissance.

Que mes talents linguistiques et rédactionnels se renforcent et soient facilités !

Instille au cœur de mon être, un sentiment de clarté et de discipline personnelle !

Transforme mon impatience, en constance et persévérance !

Donne à mes projets de prendre place dans le présent, en s'affinant, se précisant, en s'élaborant sur des constructions saines et stables !

Allège les doutes que je porte sur moi ! Facilite ma réflexion intérieure et la confiance en moi, afin que mon discours soit plus ferme et déterminé !

Sers-toi de ton puissant pouvoir de reprogrammation cellulaire !

Expose-moi les programmes auxquels j'ai pris l'habitude de répondre, et qui m'infligent obstacles, dépendance et contraintes karmiques, afin de les considérer comme des leçons, que je remercie, pour les défis qu'elles m'offrent de dépasser.

Assaini et simplifie le processus d'apprentissage de mon âme !

Permets-moi de dépasser les étapes du deuil et d'atteindre cette Joie unique, que seule toi peux me procurer. Active en moi une réconciliation intérieure et profonde !

Connecte mes intentions avec la sagesse archétypale, afin que j'intègre manifestement qu'il n'est pas juste d'agir à la place d'autrui, ni de souhaiter contrôler ses attitudes !

Tu es donné au monde pour qu'il garde un esprit jeune et enthousiaste.

Tu es conçue pour encourager et apaiser les personnes qui sont constamment en situation de crise et de traumatismes vécus où exposés par autrui.

Insuffle une attitude constructive et moins chaotique à ma vie, en accédant à l'affranchissement glorieux du trac, de l'agitation, de l'insomnie, de la déprime, et de l'obstination démesurée !

Incite-moi à une approche « véritable » des autres, libérée de toute implication excessive !

Permets aux âmes sœurs de me rencontrer sereinement.

Toi la Dumortiérite, prends soin de mes symptômes psychosomatiques, de mes maladies chroniques et débarrasse mon être physique de programmes fondés sur des croyances obsolètes !

Favorise l'assimilation du cuivre dans mes cellules et équilibre le fer, le sélénium et le zinc dans mon organisme.

Dumortiérite, je te demande humblement d'harmoniser ma thyroïde, mes palpitations cardiaques, mon transit intestinal et mes fonctions cérébrales.

Je te prie, d'atténuer mon hypersensibilité physique tout en me rendant plus réceptive aux messages de l'intelligence supérieure.

Révèle et manifeste de manière constructive et agréable mes dons de clairaudiance !

Je te rends grâce pour tes 16 vertus que la nature t'octroie depuis la nuit des temps : Compassion, douceur, patience, objectivité, constance, réussite, gaieté, ravissement, humilité, méditation, quiétude, gravité, entreprise, impassibilité, magnanimité, et concentration.

Merci Merci Merci.

Emeraude

Cristal d'inspiration et de patience, pierre de Loyauté et de coopération !

Tu assures l'équilibre physique émotionnel et mental.

Tu intensifies mes dons psychiques et notamment la clairvoyance.

Tu es une pierre protectrice.

Merci de fortifier mon caractère et mon discernement.

Ta présence fait ressortir ce que je sais inconsciemment.

Merci Merci Merci

Grenat

Tu es la pierre de l'engagement et de la virilité !

Tu favorises la montée de la Kundalini.

Tu régénères, et donnes de l'énergie, tu revitalises tous les chakras.

Ta présence m'offre une vie plus passionnée, plus intense !

Tu es une énergie de dévouement et d'amour.

Ton influence m'accompagne vers l'engagement et la responsabilité !

Tu sais purifier avec aisance les énergies du corps et tu fortifies l'instinct de survie.

Tu stimules aussi la noble virilité, car tu es la pierre des hommes qui maitrisent leur sexualité.

Tu sais dissoudre les fausses inhibitions et les tabous pour une vie plus vertueuse.

Tu accrois la fertilité et abolis la frigidité.

Ta présence favorise les rencontres et dissipe le sentiment de solitude ou d'infériorité.

Tu es particulièrement efficace en période de crise, lorsque la situation semble sans issue, et tu la transformes en défi.

Avec toi, Grenat, ma perception s'affine, ma conscience s'élargit, et ma vision de moi-même et des autres se modifient pour davantage de lucidité.

Tu sais me donner la passion des responsabilités

Je deviens entreprenant et dynamique !

Ta présence en moi, stimule l'hypophyse, en régulant les productions hormonales.

Tu t'intéresses au côté masculin de la femme, pour une unification verticale des énergies qui l'animent.

Aux hommes, tu révèles leur force !

Aux femmes, tu révèles votre charisme !

Grenat, énergie rouge, tu m'aide à agir plus vite, sans détours !

Avec toi, j'avance vraiment......j'agis...je vis...de tout votre corps !

Tu accrois mes capacités motrices, pour une action plus juste et créative.

Tu traites les yeux, tu purifies le sang, tu charges en énergie vitale, en permettant aux minéraux tels que le magnésium, et le calcium d'être mieux assimilés.

Tu soignes l'anémie, la neurasthénie, les crises de tétanies, et les problèmes de prostates.

Tu peux aussi nettoyer le traumatisme de la circoncision.

En favorisant l'absorption du fer, tu charges en énergie foie et pancréas.

Dans ton champ vibratoire, c'est un regain d'énergie que je ressens.

Merci Merci Merci.

Jade

Oh toi, Divine Jade, tu incarnes la sagesse accumulée dans la sérénité.

Associée au chakra du cœur, tes énergies intensifient les relations saines et les liens affectifs fiables et sereins.

Pierre protectrice, tu sais écarter le mal.

Tu attires la chance et l'amitié.

Quand tu es de couleur verte, tu favorises l'autonomie, la plénitude et la satisfaction personnelle.

Tu apaises l'esprit et tranquillises le mental.

Tu stimules les idées et fais paraître les tâches moins complexes.

Et visiblement, tu m'aides à passer à l'action plus sereinement.

Tu es utilisée en lithothérapie pour éliminer l'irritabilité qui empêche la fraternité et la complicité dans les liens sociaux.

Sur le plan spirituel, tu m'encourages à devenir celui que je suis réellement.

Ton nom symbolise l'âme, l'esprit, le cœur ou le noyau d'un être.

Pierre d'éveil, tu stimules l'esprit pour entrer en réconciliation avec les aspirations les plus profondes de l'âme.

Sur le plan physique, tu es une pierre de purification, favorisant la filtration des organes d'élimination du corps. Tu actives les énergies des reins par excellence. Réputée pour traiter les coliques néphrétiques et les calculs, ainsi que pour l'ensemble de l'appareil urinaire.

Elimine mes toxines !

Accélère ma cicatrisation !

J'ai appris que tu guérissais la grippe et que tu apaisais les migraines.

Tu m'es très favorable dans la méditation, car tu apportes Harmonie et Paix intérieure pour les diffuser à l'extérieure.

Il est dit que tu partages cinq vertus cardinales : charité, modestie, courage, justice, sagesse.

Merci Merci Merci

La Jade Céleste

Tu es un cristal géode d'une vibration très élevée.

Totalement Divine, Tu es un bâton de pèlerin qui engage les disciples sur une voie sacrée.

Tu apportes la paix spirituelle infinie et omniprésente.

Tu accompagnes et orientes tout engagement volontaire vers la maison de l'âme, pour des retrouvailles sincères avec la Source.

Tu conduis vers l'illumination !

Oh Jade Céleste !, tu es le temple de la vérité et de la clairvoyance.

Tes énergies neutralisent les conflits et les dysfonctionnements liés à l'ignorance.

C'est avec beaucoup de Justesse et de Sagesse que tu élances les expériences nouvelles et étonnantes.

Tu es une pierre de confiance, d'assurance et de foi inébranlable.

Dès que je te touche, je suis en état de grâce et de félicité.

Tu apaises, tu calmes et anéantis les inquiétudes, les tourments, et le doute.

A tes coté, mon mental est plus clair, et j'accède à l'intelligence supérieure, me conférant esprit d'analyse, et de synthèse.

Tu simplifies la parole, le langage et tous les modes de communication.

Tu es une pierre de compréhension et de discernement.

Grâce à toi, Jade Céleste, j'accède au sixième sens.

Tes vertus sont traditionnellement utilisées en lithothérapie pour défaire les tensions, et libérer les organes, tissus, os et tendons, du chakra de la gorge.

Merci Merci Merci.

Jadéite Fluorescente

Oh toi Jadéite Fluorescente, pierre de structuration et d'organisation, tu ouvres ma logique et mon esprit mathématique.

Tu es appelée "Cristal des chercheurs et des scientifiques ».

Tu stimules les idées ingénieuses.
Ta structure moléculaire présente des formes géométriques d'octaèdre.
Cette onde de forme stimule la créativité.
Je fais appel à tes propriétés protectrices et de préservations des ondes électromagnétiques perturbatrices.

Merci Merci Merci.

La Jade Rouge

Tu symbolises la Sagesse et la Sérénité associées à la Force constructive.

Tes énergies amplifient l'Amour en général.

Pierre de Chance et de fraternité, tu es utilisée en lithothérapie pour éloigner le mal.

Ta couleur rouge stimule le chakra racine et renforce la personnalité, en stimulant l'autodiscipline, l'autodétermination et l'autonomie.

Tes énergies aident à prendre des initiatives graduellement par étape en commençant par le plus aisé.

Tu encourages et dynamises le corps vital et le psychisme.

En lien avec le système nerveux, et toute la partie basse du corps physique, ton énergie vitalise et nettoie.

Etre moi-même dans les épreuves et l'adversité devient plus facile.

Les informations que tu diffuses, stimulent l'éveil des dons restés dissimulés ou négligés pour s'approcher des aspirations de l'âme. Tu révèles mes ressources cachées qui attendaient l'opportunité de s'exprimer.

Sur le plan physique, tu es utilisée pour purifier.

Avec toi, j'ai les reins solides pour sortir de la zone de pseudo-confort et prendre ma vie en main.

Jade rouge, renforce mes capacités d'adaptation à l'environnement pour me permettre de développer pas à pas ma singularité !

Par ton esprit passionné mais pragmatique, tu permets aux émotions fortes de diffuser une énergie constructive.

Tu es mon secours d'urgence lorsque je suis submergé par la colère, le regret, l'accablement, et le ressentiment.

Tu donnes à mes émotions la capacité d'être transmutées en énergie d'action juste, respectueuse, digne et emplie d'Amour.

Merci Merci Merci.

Kunzite

Cristal d'Amour inconditionnel.

Tu es le symbole de l'affection, de la bienveillance et du romantisme.

Tu es utilisée en lithothérapie pour développer l'ouverture à l'autre.

Tu es une pierre de chaleur humaine.

Tes énergies douces et réconfortantes cicatrisent les blessures de cœur.

Oh toi tendre Kunzite, tu me permets d'être plus sereine dans mes émotions.

Avec toi, je fais preuve de bon sens et je cesse de dramatiser.

Je me recentre et je canalise mes sentiments pour m'ouvrir plus facilement dans mes relations avec plus d'empathie.

Kunzite ! Merci de guider et soutenir mes séances de méditation et d'élever mes élans du cœur avec sagesse, humilité, bonté et altruisme !

J'ai appris que tu éloignais les cauchemars. Alors reste auprès de moi pendant mon sommeil !

Merci Merci Merci.

Larimar

Oh toi Larimar tu es une pierre hautement spirituelle ouvrant à de nouvelles dimensions. Tu rayonnes Amour et Paix.

Tu es ma pierre de Sérénité et de clarté.

Elève ma conscience et charge-moi en énergies !

Tu facilites le contact avec le monde des anges.

Tes énergies sont excellentes pour rechercher l'âme sœur.

Tu débarrasses les blocages et contraintes imposées par soi-même.

Grâce à toi Larimar, je prends le contrôle de ma vie et je ne me vois plus comme un martyr.

Tu sais atténuer mon sentiment de culpabilité source d'auto sabotage mettant en échec les thérapies.

Avec toi, ma créativité se développe.

J'ai appris que tu savais atténuer les troubles bipolaires.

Tu soignes aussi les traumatismes sentimentaux.

Tes énergies nettoient l'environnement et compensent les stress géopathiques.

Tu élimines les fantômes attachés au corps.

Je ressens bien que tu favorises l'auto-guérison.

Tu agis sur les tensions intercostales, de la tête et du cou.

Merci Merci Merci.

Larme de Diamant

Oh Larme de Diamant, pierre de Lumière.

Tu es ma lanterne, et mon étoile.

Symbole de pureté et d'harmonie.

Tu renforces l'Amour.

Tu fidélises.

Grâce à tes énergies de lumière blanche je vois plus clair dans mes relations et dans ma vie

Apporte-moi l'abondance et la richesse sur tous les plans de mon existence !

Fais grandir mes énergies ! Rends-moi plus vaste, plus Lumineux !

Je sais que tu amplifies tout.

Tu sais faire grandir la lumière sans jamais lutter, ni combattre.

Tu fais aussi grandir les ombres qu'apporte ta lumière, nous donnant l'opportunité de comprendre, d'élucider, et d'y remédier.

Tu intensifies nos chemins de vie.

Tu es libre…et déjà je ressens ta présence au plus profond de ma lumière intérieure.

Oh toi Larme discrète du diamant extrême ! Comble les brèches de mon aura et recharge en énergie chacun de mes chakras !

Merci de m'octroyer plus de vie, plus d'intrépidité, plus de force.

Avec toi, je me sens invincible, et ça me fait du bien.

Ton éclat si intense me permet d'avancer avec solidité et sans me tromper sur moi-même, sur les choses, les êtres et les idées.

Je gagne en lucidité.

Le péché se défait.

L'âme grandit.

La purification lumineuse se réalise.

Cette transmutation dont tu es l'origine efface mes peurs, et mes émotions perturbatrices.

Tu me stimules, et permets à mon imagination de devenir plus inventive.

Je te remercie pour ton intelligence supérieure et ton illumination.

Je me dévoile !

Je brille ! Même en secret...

En ta présence, je sais maintenant ce qui m'inspire, et ce à quoi mon âme aspire.

Je peux ressentir la lumière divine se déferler sur mon être tout entier.

Je porte l'auréole, la couronne.

Je suis sublime.

Diamant lumineux et clair, tu es utilisé pour éclaircir.

Ainsi les grands maîtres font appel à tes dons pour soigner la vue, le glaucome et le cerveau.

Les êtres de lumières accompagnent leurs soins de ta présence pour traiter les allergies, et tuer les poisons.

En comblant les trouées de mon aura, tu empêches toute énergie négative d'y entrer.

Merci Diamant, je me sens protégé.

Et comme j'ai compris que tu amplifies tout ce qui te touche, j'ai appris à utiliser d'autres cristaux que tu potentialises avec force et efficacité.

Je te rends grâce pour l'évidence que tu donnes aux choses et à la vie.

Merci Merci Merci.

Lave noire d'obsidienne

Pierre de Lave noire, Puissant Cristal de Protection, j'invoque ton bouclier !

Tu sais me redonner foi en moi. Grâce à tes énergies, je cesse d'être bloqué par la comparaison, et la compétition de l'égo.

Tu es la fertilité !

La Renaissance !

Pour accoucher de soi... Pour naître au monde dans notre singularité.

Tu permets l'intégration, et l'acceptation de soi. Tu génères l'équilibre entre nos ombres et nos lumières.

Tu stimules mon originalité, mes talents, mes dons.

Tu m'inspires ! Je m'épanouie.

Avec toi, cristal de Lave noire, je sors du déni et du refoulement.

Je me vois comme je suis et avec tendresse. Je m'apprivoise.

Tes propriétés m'encouragent à briller, me réaliser et à découvrir mes ressources personnelles.

Merci Merci Merci.

Lave rouge

Tu es un cristal qui modifie la perception des choses dans le sens positif et avec davantage de maturité

Tu attires l'attention sur le cœur des choses, là où l'essence Divine révèle le pouvoir de l'esprit sur la matière.

Les expériences et évènements extérieurs sont perçus différemment, au plus près de la vérité Divine.

Tu révèles le sens sacré des choses.

Tes intentions montrent qu'un maître véritable est capable de trouver la paix, même dans la tourmente. Parce qu'il comprend que c'est son point de vue qu'il faut transformer.

Ton énergie ouvre le chemin que doivent emprunter les pensées, pour que cesse toutes associations d'idées nocives.

Ta lave rouge peut redéfinir ma réalité et me montrer une perception accrue du sens de la vie. Tu attires les opportunités de croissance et de développement.

Tu es une force très utile pour les adolescents et des personnes en évolution.

Pierre de feu, associée au chakra racine, tu nous relies à la terre et à notre corps.

Issue du cœur même des volcans, ta couleur intense évoque la passion, la force et l'énergie vitale.

Merci de m'apporter enracinement et stabilité pour me sentir en sécurité partout et toujours. Avec toi, je me sens stimulé et vigoureux.

Tu formes un bouclier énergétique autour de moi et tu purifies les lieux et les personnes.

* Transformation: Renaissance, Courage.
* Force intérieure: Détermination.

Pierre de lave rouge tu m'accompagnes en méditation en favorisant la concentration.

Merci Merci Merci.

Lépidolite

Tu es une pierre de purification.

Tu absorbes avec facilité les pollutions électromagnétiques.

Tu dissipes la négativité ambiante.

Tes fréquences vibratoires ouvrent les chakras de la gorge et du cœur.

Tu sais soulager la dépression et stabiliser les changements d'humeur.

Toujours tu m'accompagnes dans les situations de transition.

Grâce à toi Lépidolite, je triomphe des pensées obsédantes, en me libérant des dépendances affectives, mentales, ou physiques.

Tu agis sur la qualité de mon sommeil et tu lèves le stress.

Tes énergies m'invitent à rester dans mon espace personnel et me défendent des mauvaises influences extérieures.

Mon pouvoir de décision s'amplifie, mon intellect est stimulé et mes capacités de raisonnement s'affutent. Je développe le sens de la répartie.

Par ton pouvoir, tu m'encourages à devenir indépendant et à réaliser mes objectifs de manière autonome.

Tu es aussi utilisée en lithothérapie en cas de réaction allergique.

Et tu t'occupes des troubles nerveux, de l'épilepsie et de l'épuisement psychique.

Tu fabriques des ions négatifs.

Merci pour ta bouffée d'oxygène !

Avec toi, j'ai la sensation de « prendre l'air ».

Tu agrandis mon espace, quand je me sens oppressé.

Merci Merci Merci.

Limonite

Tu es une pierre sacrée en lien avec les énergies de la terre.

Tu animes le chakra racine.

Tu stabilises le corps.

Tes fréquences vibratoires offrent une grande force intérieure.

Dans les épreuves, tu me procures endurance et persévérance.

Grâce à toi Limonite, je ne suis plus accablé, calomnié, accusé. Tu me soutiens, et plaide ma cause.

Tu es en mesure de me sortir du gouffre.

En ta présence, je n'ai plus besoin de me défendre, et de me justifier. Tu es mon avocat et mon porte-parole.

Je peux compter sur toi pour régler mes affaires juridiques avec succès et dignité.

Tu es une grande médiatrice.

Tu sais régler les conflits et dissiper toute confusion.

Limonite, tu es l'élégance, et la grâce !

Avec toi, mon corps s'équilibre, mes gestes sont harmonieux, et une aisance s'installe.

Tu me purifies, tu nettoies la jaunisse, les fièvres, et le foie.

Tu es aussi un tuteur incomparable pour ma posture.

Tu participes à la fixation du fer et des minéraux par l'organisme.

Avec toi, j'ai les reins solides et aucune injustice ne peut m'ébranler !

Merci Merci Merci.

Magnétite

Tu es une pierre magnétique et attractive.

Tu attires la chance !

Avec toi Magnétite, je me sens en sécurité.

Tu sais me protéger en toutes circonstances.

Tu m'es d'une aide précieuse pour méditer et m'ancrer. Tu actives la connexion avec l'axe le plus profond de la terre. Je me sens plus centré, plus présent et je m'adapte beaucoup plus facilement aux situations.

Grâce à ta puissante force de concentration, je reste attentif plus longtemps.

Merci de m'accompagner pour penser, imaginer, étudier, comprendre et mémoriser.

Symbole de l'aimant, tu attires les énergies qui répondent à nos attentes et à nos besoins.

Il est dit que tu diriges l'amour dans nos vies.

Magnétite, tu es une pierre de magnétisme et d'auto-guérison, en dissipant les peurs, la colère, le chagrin, les douleurs…

Magnétite, je t'invoque pour ta capacité à réaligner tous les courants énergétiques inversés.

Habitée d'une force vivante, tu stabilises mes émotions et dissipent mes inhibitions.

Grâce à toi, je prends la responsabilité de mes sentiments.

Stimulante, tu me recharges en énergie et soulages mon épuisement mental et physique.

Eveillant mon magnétisme, tu me transmets ton pouvoir de guérison par la lumière, dans la bienveillance et l'humilité.

Merci Merci Merci.

Malachite

Tu es la pierre de la Nouvelle conscience !

Tu amplifies tout, et met en évidence.

Tu révèles autant les énergies positives que négatives.

Ta présence m'offre une vie plus intense !

Ton évolution accompagne vers la nouvelle guérison de l'ère du Verseau.

Tu absorbes les polluants de l'air environnant et du corps (plutonium, radiations nocives, produits chimiques, champs électromagnétiques).

Avec toi, je développe une relation intense avec la nature.

Tu guéris la Terre.

Tu actives les centres énergétiques de la planète et tous les chakras des végétaux et des êtres vivants.

Ta présence, me met en relation avec l'avenir, permettant une distorsion de l'espace-temps, pour une meilleure perception des messages de la nature et du divin.

Avec toi Malachite, en fermant les yeux, je projette des images sur la toile de mon subconscient !

Tu stimules les rêves lucides, et ramènes les souvenirs éludés.

Tu me transformes et m'encourages à changer.

Avec toi, je vais dans le sens de la vie !

Tu dérobes les blocages psychiques et les appréhensions.

Tu me donnes le courage de prendre des responsabilités, sans timidité, ou fausse humilité.

Je deviens entreprenant et dynamique !

Tu règles les mémoires des traumatismes sexuels, qui restées inconscientes, minent ma personnalité.

Tu sais guérir les organes sexuels féminins.

Et tu soignes les crampes menstruelles.

Grâce à toi, Malachite, je laisse aller les mémoires archaïques du féminin terrestre, restituant ma dignité.

Tu t'intéresses au côté féminin de l'homme, pour une unification verticale et horizontale des énergies qui l'animent.

Aux hommes, tu révèles leur grandeur d'âme !

Tu sais guérir rapidement les troubles émotionnels des profondeurs de l'être.

Tu aides à aller dans le vif du sujet, sans détours !

Avec toi, j'avance......je respire... je grandis...

Tu accrois mes capacités intellectuelles, pour un meilleur apprentissage et une meilleure compréhension du monde nouveau.

Tu traites l'asthme, les vertiges, le nerf optique.

Malachite, dans ton champ vibratoire, c'est une renaissance que je vis !

Merci Merci Merci.

Œil de Faucon

Tu es la pierre de la Protection, de la clairvoyance et de la volonté.

Tu es mon Talisman !

Tu favorises l'intuition et accroît les dons psychiques, en montrant leurs utilisations correctes, afin de préserver mon intégrité.

Tu m'enracines, m'évitant d'entrer dans l'illusion.

Tu me permets d'admettre mes propres nécessités, ainsi que celles des autres en distinguant mes envies de mes réels besoins.

Tu me donnes les moyens de rassembler mes idées, en un tout cohérent.

Tu sais guérir les blocages concernant la conscience de ma propre valeur.

Avec ton soutien, je cesse toutes autocritiques et ma créativité peut s'exprimer sainement, dans la reconnaissance de mes talents et facultés personnelles.

Tu soignes les énergies terrestres, et tu stimules mon corps physique, en agissant essentiellement sur le chakra de base pour la montée de la Kundalini.

Tu apportes les moyens d'éliminer les modèles de pensées négatifs.

Ta présence à mes côtés met en lumière, les émotions enfouies qui provoquent en moi, un mal-être souvent mal identifié.

Tu fortifies mon système circulatoire, mes membres inférieurs, et mes organes du bas du corps.

Œil de Faucon, tu attires l'abondance !

Tu me donnes les capacités d'être ici et maintenant de manière claire et en accord avec ma réalité profonde dans la sécurité et l'Amour.

Merci Merci Merci

Œil du Tigre

Pierre protectrice, traditionnellement utilisée comme Talisman contre les malédictions.

Tu élèves le taux vibratoire et actives le troisième œil en lien avec le chakra racine.

Tu canalises le pouvoir personnel et l'oriente de manière juste, dans le respect des lois naturelles et Divines.

Tu es utilisé pour atteindre nos objectifs et pour clarifier les intentions et motivations.

Tu m'aides clairement à élaborer des projets réalistes et à les concrétiser dans la matière.

Il est dit que tu aurais des propriétés très dynamisantes sur le corps physique et sur le psychisme.

Esprit pratique, lucidité et vigueur sont les qualités de ton œil !

Particulièrement utilisé en lithothérapie pour les troubles de la personnalité, les conflits intérieurs et les problématiques liées à l'obstination, tu équilibres et ajustes le regard sur soi-même.

Merci Œil du tigre, de me transmettre la paix intérieure pour me réconcilier avec moi-même et reconnaitre mes propres talents, mais aussi mes faiblesses pour mieux les dépasser.

Œil du tigre, j'ai entendu dire que tu es un cristal de Force et de Puissance personnelle à toujours invoquer ponctuellement ou sur une courte période.

Merci Merci Merci.

Okénite

Tu es une pierre de « croissance »

Pour tous ceux qui s'engagent sur le chemin de la « réalisation » !

Tes vibrations sont dédiées à
« L'accomplissement de soi ».

Tu montres à mon âme la voie qui mène à la réalisation de ma destinée.

Connecté au « moi supérieur » tu écartes les obstacles et stimules mes énergies.

Je remonte avec toi, le temps karmique et je grandis en conscience.

J'achève les schémas répétitifs liés aux mémoires engrammées.

Tes énergies m'offrent la possibilité de me libérer des dettes, des erreurs et des sentiments souvent inconscients de culpabilités karmiques !

Tu es la vérité, la bonne foi, et l'acceptation des diverses dispositions d'esprit.

En ta compagnie, je reste ouvert aux autres.

Grâce à toi, je me pardonne profondément !

Tu permets aux opportunités d'évolution de se présenter à moi !

Tu es la vigueur, la stimulation et le changement !

En ta présence, je lâche les vieux modèles de comportements et de pensées.

En ta présence, tout est unifié, orienté, concentré !

Okénite, tu es une pierre très utile pour les adolescents et les personnes en évolution.

Tu symbolises « le nouveau ».

Tu es le lait de la femme allaitante.

Tu es le sang purifié et renouvelé.

Tu es la peau parfaite, et purifiée.

Tu es le renouvellement cellulaire.

Tu achèves les cycles caducs et surannés.

Toi Okénite, tu es la pierre des guérisons karmiques sur tous les plans de l'être.

Merci Merci Merci.

Onyx

Pierre de Force, Tu es un véritable cadeau du ciel !

Merci de me soutenir lorsque je me trouve dans des circonstances difficiles génératrices d'un grand stress physique ou mental.

Onyx, pierre d'équilibre et de protection, tu m'aides à rester enraciner à la terre et ainsi à de ne pas souffrir de l'influence des autres.

J'ai entendu dire que tu détruisais les mauvaises énergies.

Je te demande de m'aider à sortir de l'éparpillement pour rester centré.

Pierre d'avenir, tu me fais « maître de mon destin » et tu me donnes la force nécessaire pour tenir mes objectifs.

Tu encourages la vigueur et le dynamisme.

Ta force magnifique m'aide à retrouver l'estime de moi, la confiance, et l'épanouissement personnel.

Onyx, tu es aussi une pierre d'objectivité et de clairvoyance. Tu offres un véritable soutient mental. Grâce à toi, je deviens mon propre guide et j'apprends à écouter mes propres conseils lorsque plusieurs choix s'offrent à moi.

Je te prie de réguler mes émotions et harmoniser ma vie inconstante.

Pierre de stabilité, tu m'aides à maîtriser mes émotions et tu me soutiens dans l'essor de mes responsabilités.

Sur le plan spirituel, je ressens que tu traites mes troubles du chakra racine en favorisant son ouverture.

Véritable outil en méditation, tu te révèles être un soutien précieux, dans ma recherche de réponses et d'informations.

Sur le plan physique, tu me guides sur la voie de la guérison de mes traumatismes physiques et psychiques passés et qui affectent encore douloureusement mon présent.

Merci Merci Merci.

Opale Bleue

Pierre d'eau, de lumière et d'Amour.

Pierre intensifiant la vision mystique et la créativité artistique.

Merci de fortifier la conscience de ma propre valeur.

Chaque jour tu m'apprends que, ce contre quoi je lutte, m'apparait encore plus rebelle.

Tu me permets de rester discrète, et de passer inaperçu lorsque c'est nécessaire.

Tu es une pierre sensuelle, érotique et passionnée, révélant la beauté intérieure.

Opale, j'ai besoin de toi pour clarifier mes émotions afin de différencier ce qui m'affaiblit de ce qui me rend plus fort.

Tu révèles mes états émotionnels passés, et me permets de les assumer avec responsabilité, pour les transformer.

Tu es une pierre loyale, fidèle et spontanée.

A chaque fois que je t'invoque, tu me sors de l'épuisement, et redonnes de la vigueur et de l'énergie à tous mes chakras.

Tu travailles mes reins.

Tu es utilisée pour agir sur le système hormonal, et les fluides corporels.

Tu permets aussi une communication plus libérée des agitations du mental.

Mon discours est clair et moins chargé.

Éveillant le feu intérieur, tu accordes ton courage aux plus timides et stimule la volonté de vivre pleinement les émotions.

Merci Merci Merci

Or

Oh toi, Or magnifique ! Tu es un métal précieux qui révèle nos véritables richesses intérieures.

Tu sais faire grandir l'amour propre et la Dignité.

Merci de me connecter à mon essence et mes capacités infinies.

Métal d'abondance, tu stimules les forces les plus nobles de l'individu.

Saint François affirmait : « Des Forces Magnifiques et Sauvages existent en nous ».

Tu es celui qui manifeste ces énergies profondes, et qui nous incite à reconnaitre notre vraie « Lumière ».

Avec toi, je parviens à m'extraire de ma propre image, de mes identifications et de mes projections, pour aller vers ma véritable nature.

Au plus près de l'âme, tu rétablis mes aspirations les plus profondes, et les plus justes.

La Liberté, la Richesse, la confiance en soi, sont les qualités que tu proclames dans ma vie.

Tu m'as appris que l'argent est bon, et qu'il est une énergie vitale dont l'essence est noble, grande, magnanime.

Or sublime ! tu es le principe même de l'alchimie des lois terrestres.

Tu m'orientes vers le beau, le juste, le bon, le vrai.

Tu incites en moi, la conscience de la valeur des choses, des êtres, et des idées.

Je fais appel à toi pour amplifier ma force vitale et toutes les énergies de mon corps.

Merci pour ta Précieuse Puissance.

Merci Merci Merci.

Péridot

Péridot, Oh toi Pierre nettoyante !

Favorise en moi l'élimination des toxines et indésirables, sur tous les plans de mon être.

En ta présence, je voie une cascade, une nuée d'ions énergisants...

Une eau pétillante...une rivière d'étoiles...

J'ai appris que tu pouvais éloigner les mauvais esprits. Libère-moi de toute intrusion nocive !

Je te demande d'ouvrir, de purifier et d'activer mes troisième et quatrième chakras.

Que les fardeaux que je porte s'allègent et disparaissent !

Que tout sentiment de culpabilité me quitte !

Que toutes les pensées récurrentes qui m'obsèdent s'échappent de mon mental !

Péridot, apprends-moi l'autonomie et l'indépendance.

Apprends-moi à ne plus blâmer les autres, les situations, Dieu…

Grâce à toi, je suis moi-même, libre et moins influençable.

Je sais qu'en ta présence, je peux avancer très vite vers le destin qui m'est tracé.

Tes énergies m'apportent la confiance, l'assurance et la motivation.

Peu importe ce que sont les autres, je laisse aller la jalousie, l'envie et la comparaison.

J'apprends à me connecter à mes propres aspirations les plus élevées.

Avec toi, je vois plus clair en moi, et je me pardonne facilement.

Je te rends grâce pour la lucidité et l'intelligence que tu installes dans ma conscience.

Je me sens plus joyeux, plus ouvert, et plus enclin à régler ce que, jusqu'alors, je négligeais.

Je me sens plus responsable, et davantage maître de ma vie.

Merci Péridot pour l'énergie positive que tu m'octroies.

Je connais ton affinité avec les méridiens du foie et de la vue.

Tu me dis que tu sers aussi de cosmétique depuis la nuit des temps.

Tes vertus sur ma peau sont déjà visibles, et tous mes organes du système digestif se trouvent allégés et fortifiés.

Ma vue est plus nette, puisque ma vie est plus claire, et qu'en moi je me sens libre.

A tes coté, je ne crains rien.

Je sais maintenant que la Lumière est en chacun de nous et que le Meilleur est accessible.

« A la claire fontaine, m'en allant promener....... »

Merci Merci Merci.

Pétalite

Tu es la pierre de l'ange.

Pour tous ceux qui sont venus chercher la Lumière !

Tes vibrations sont nées sous le signe de la pureté.

Tu montres à mon âme le chemin qui mène à la clarté et au calme intérieur.

Dans cette paix, tu me permets de transmuter en douceur les causes de mes problèmes.

Tu sais remonter le temps, et rencontrer le point de départ des conflits transgénérationnels, afin de guérir toute la lignée de mes ancêtres.

En ta compagnie, je reste ancré pendant l'élévation de l'esprit et la méditation.

Je t'invoque maintenant, car avec toi, mes prières deviennent plus puissantes.

Tu détaches toutes entités nocives de mon aura et de mon corps mental.

Tu recharges et actives les centres énergétiques me mon corps physique.

Je te demande humblement d'intensifier les énergies qui m'entourent et me nourrissent.

Tu es utilisée pour harmoniser le système endocrinien.

Merci de prendre soin de mes yeux.

Merci d'augmenter ma capacité respiratoire.

Avec toi Pétalite, mon âme souhaite rester incarné et vivre.

Je suis heureuse quand tu m'apportes clarté et pureté, ici-bas et maintenant, afin de me permettre d'avancer avec force et souplesse.

Ma plus grande joie, et de m'abandonner en ton sein, comme au cœur même d'une goutte de rosée matinale, pure, et renouve-lée.

Tu es le rafraîchissement mental.

Une vraie douche éthérique !

Merci Merci Merci.

Pierre le Lune.

Ton effet le plus puissant s'exerce sur l'apaisement des émotions.

Je t'invoque pour passer de l'inconscient au conscient. Et pour favoriser l'intuition et l'empathie.

Tu es utilisée pour équilibrer les énergies masculines et féminines. Tu aides les hommes qui veulent entrer en contact avec leur aspect féminin.

Tu es un parfait antidote pour les machos, ou les femmes dans le contrôle.

Pierre de lune, tu me dis de faire attention à ne pas me laisser porter par des illusions en réaction à des désirs pris pour la réalité.

Merci d'atténuer mon instabilité émotionnelle et mon stress.

Avec toi, je stabilise mes émotions et améliore mon intelligence émotionnelle.

Tu m'apportes une profonde guérison émotionnelle, et tu soignes les affections de la partie supérieure du trajet digestif liées au stress.

Je te remercie d'harmoniser mon horloge biologique.

Je fais toujours appel à tes forces en cas de choc ; Car toujours, tu es d'un grand secours.

Tu es utilisée pour le système digestif et reproducteur. Ainsi que pour l'assimilation des substances nutritives et des minéraux.

La lithothérapie fait appel à tes capacités pour l'élimination des toxines et la rétention des fluides.

Merci Merci Merci.

Pierre de Soleil

Oh toi Cristal de Lumière, apporte à ma Vie, la Joie, la Bonté, la délicatesse, la courtoisie et l'élégance !

Aide-moi à placer ta Lumière au cœur de mon être, afin que je reconnaisse avec force, mes valeurs les plus nobles.

Apprends-moi à prendre soin de moi en toutes situations.

De mon plexus solaire. Je ressens déjà tes énergies qui m'inspirent et rayonnent.

Tu me montres le Bonheur...

Je peux le voir...le sentir....comme jamais !

Dans les temps anciens, Oh toi Pierre de Soleil, tu étais la manifestation du Dieu de la Bienveillance, de la Chance et de la Bonne Fortune.

Tu donnes à mes cellules une intense énergie de régénération.

Ta Lumière me réchauffe le cœur, et embellit ma Vie, lorsque je médite en ta présence.

Largement utilisée en lithothérapie pour soigner les dépressions saisonnières, tu places le Soleil au zénith de ma vie, en toutes saisons.

J'ai appris que tu pouvais transmuter les relations de co-dépendance, et décrocher les implants émotionnels, insérés dans mes chakras, par mes proches et mes relations les plus « nouées ».

Tu me libères de toute forme d'emprise, et de toute dépendance et attache affective, qui épuisent mon énergie.

Grâce à toi, Pierre de Soleil, Les harpons, les implants et crochets fixés sur mon aura, reviennent avec bienveillance et respect, à leur propriétaire.

Pierre d'Amour et de Lumière, depuis que je te connais, je sais enfin dire « Non ».

Je parviens à me centrer sur mes besoins et sur les aspirations profondes de mon âme.

J'apprends à me respecter, à me protéger et à me recharger en énergie.

Déjà mon champ vibratoire se modifie.

Mes relations sont plus saines et sans projections. L'attachement excessif se transforme sous l'effet de tes rayons Lumineux, en « Liberté intérieure ».

Je ne me sens plus critiqué, et les remises en questions infernales s'estompent, pour laisser place à l'autonomie, la confiance et l'enthousiasme.

Pierre Soleil, je te remercie pour corriger mon pessimisme le plus incorrigible, et transformer mes émotions refoulées.

Je ne m'autorise plus à être une proie pour mes proches, mes ancêtres, et les âmes en peine, sous des prétextes logiques fondés sur de fausses sagesses, où des illusions.

Je ne m'accroche qu'à moi-même, en toute sécurité, relié à l'intelligence supérieure et à la source la plus Lumineuse, d'où émane la « Vraie Sagesse » à laquelle mon âme aspire.

Sans détours et procrastination, je suis le centre de mon Univers, et Joyeusement, inspiré, je sais orienter ma Vie, et mes relations avec plus d'élan et d'Amour.

Les autres sont des maîtres, et toi Pierre Soleil, tu sais me montrer qui je suis et ce que j'ai à comprendre au sein de mes relations et contacts les plus « touchants ».

Pierre de Soleil, tu stimules en moi, l'auto-guérison.

Tu régules efficacement le système nerveux autonome.

Tu soignes tous les maux de l'hiver, et les carences liées à l'obscurité.

Traditionnellement utilisée pour soigner les organes liés au plexus solaire, tu apaises les estomacs sensibles, les ulcères et l'acidité gastrique.

Pierre de chaleur, de Lumière et d'illumination, je te remercie pour la chaleur, la douceur et l'optimisme qui s'installe dans ma vie.

Merci Merci Merci

Préhnite

Tu es ne pierre de sérénité et d'Amour infini !

Tu soignes les thérapeutes et tous les serviteurs.

Tu ouvres facilement les portes du savoir et de la connaissance.

Tes énergies sont celles de la carte de la « Papesse » dans le jeu de Tarot.

Tu me mets sur le qui-vive, stimulant mon attention, ma prudence et ma vigilance.

Avec ton soutien, je suis en mesure de discerner les voies trompeuses de l'égo.

Tu formes un bouclier pacifiste et protecteur autour de mon aura.

Tu es utilisée en géobiologie pour dégager les lieux. Tu m'harmonises avec la nature.

Merci Préhnite, de mettre de l'ordre, d'organiser, de trier, et de rassembler les énergies éparpillées, égarées, dispersées dans mon corps et dans l'espace.

Tu dissous le besoin d'amasser, de multiplier, de stocker des objets, des relations, des projets, des actions...etc.

Avec toi, je sors du sentiment de manque, d'absence, de vide.

La lithothérapie fait appel à tes dons pour accompagner les enfants hyperactifs et pour apaiser les cauchemars et les phobies les plus tenaces.

Tu es utile pour soigner les reins, le thymus, les épaules, la poitrine.

Préhnite, je t'invoque pour m'alléger, et pour me libérer du poids du passé, et des regrets, des remords, ou de la nostalgie.

Merci Merci Merci.

Pyrite de Fer

Tu es une pierre remarquable pour stimuler les facultés intellectuelles.

Tu donnes le sens de l'organisation à ceux qui en sont dépourvus.
Pierre de protection, tu supprimes le stress et crées un bouclier d'énergie autour de soi.

Oh toi, Pyrite, renforce mon aura !

Merci pour ton charisme.

J'ai appris que tu avais un lien avec les énergies du feu (du grec pyros).

Il est dit que les Incas construisaient de somptueux miroirs en Pyrite, qu'ils plaçaient dans les tombeaux, d'où ton appellation
« Pierre des incas ».
Appelée aussi l'or des fous, tu as désillusionné nombres de chercheurs d'or.

Tu enracines et donnes le pouvoir de se sentir bien ancré, les pieds solidement posés.
Tu es excellent pour les jeunes, à l'âge de la puberté.
Je t'invoque en cas d'épuisement physique et psychique.

Tu m'es aussi d'un grand secours en cas de refroidissements et de troubles respiratoires.

Sur le plan émotionnel et spirituel, tu sais fortifier le magnétisme et le rayonnement personnel.

Je te demande de stimuler mon esprit d'initiative et d'ingéniosité.

Merci Merci Merci.

Quartz bleu

Cristal de rigueur, d'autodiscipline et de vigilance.

Tu es le Dharma.

Tu permets l'intégration et l'acceptation plénière du caractère spirituel de chacun.

Tu motives les communions d'âmes, et l'ouverture à l'autre.

Tu métamorphoses, tu transmutes, tu réorganises toutes les systèmes énergétiques du corps, en connexion avec l'âme.

Tu sais lever les doutes, les peurs, et le désespoir.

Merci Quartz bleu pour ton apaisement immédiat.

Tu sais me rassurer tout en stimulant l'exactitude, la constance et l'autonomie.

Tes propriétés sont largement utilisées en lithothérapie pour traiter l'hyper excitation ou la dépression.

Merci Merci Merci.

Quartz rose

Oh toi Amour inconditionnel, donne-moi ta paix infinie !

Purifie mon cœur, alors que je suis en crise !

Rassure-moi ! Calme-moi !

En t'invoquant, je ressens les bienfaits de ta profonde aptitude de guérison intérieure.

Je te rends grâce pour tes vibrations affectueuses qui comblent les carences de mon cœur.

J'accepte avec joie les changements que tu me montres nécessaire.

Avec toi, je découvre la beauté, et je suis plus réceptif à la valeur des choses, des êtres et des idées.

Alors que mon chagrin s'amenuise, je parviens à m'aimer davantage.

Merci « Quartz Rose » de me trouver digne d'être aimé.

J'attire à moi l'Amour que je m'autorise à recevoir et donner librement.

Comme un enfant je sais accepter la douceur et les cadeaux de la vie. Tu es pour moi un cocon de tendresse, un cœur doux et romantique, que j'apprends à protéger.

« Quartz Rose » tu fortifie mon cœur physique et mon système circulatoire. Grâce à toi, mon corps se purifie, et je respire plus amplement. Tu libères les alvéoles de mes poumons et tu soignes mes reins. Je trouve aussi mon teint plus lumineux, ma peau plus lisse et grâce à toi je regagne en lucidité et en clarté au cœur de mes souvenirs.

Ma vie devient plus douce, et mon corps manifeste maintenant un bien-être réconfortant.

Merci pour l'aide que tu peux apporter aux enfants.

Merci. Merci Merci.

Rhodochrosite

Tu es la « Vérité Universelle »

Tu es la pierre de l'amour et de la compassion.

Tu es excellente pour le cœur et les relations.

Tu m'aides à m'aimer moi-même.

Je t'invoque pour nettoyer mes karmas, mes mémoires nocives, les entraves liées au passé, en empêchant le mental inférieur de les nourrir.

Ta présence me procure dynamisme, convictions, et positivisme.

Tu attires à moi les âmes sœur.

Tu purifies mon chakra racine et donne de la joie au plexus solaire.

Avec toi, je laisse remonter doucement mes sentiments douloureux et refoulés, car tu me sors du déni, sans arrangements malfaisants, sans compromis, et sans mensonges.

Avec clarté et réconfort tu me montres la vérité à propos de moi-même et des autres, sans excuses ni fuites.

Merci pour le courage que tu me donnes pour affronter mes peurs.

En méditant en ta compagnie je me connecte avec le mental supérieur.

Merci Rodhochrosite, de chasser toute forme de dépression et de chagrins.

Tu es experte pour la guérison des abus sexuels, des mémoires de soumissions, de blessures physiques et d'humiliations.

Tu soulages l'asthme et l'ensemble des problèmes respiratoires.

Tu purifies les reins et le sang.

Merci d'améliorer ma vision.

Tu es utilisée pour redonner dignité aux organes sexuels.

Toi, Rhodochrosite ! La pierre des cœurs blessés ou enchaînés, tu nous restitues notre noblesse...notre Vérité !

Merci Merci Merci

Rhodonite

Tu es « La Pierre du Milieu » !

Merci Rhodonite, d'équilibrer mon plan émotionnel.

Je te demande d'exposer avec clarté tous les aspects des situations à dilemmes.

Avec toi, je choisis avec discernement et guidance.

Tu insuffles l'Amour et la Fraternité dans toutes mes pensées, mes paroles et mes actes.

Merci Rhodonite pour l'équilibre de mes polarités opposées

Merci d'équilibrer mon métabolisme, mes systèmes physiologiques et psychologiques.

Tu es un cristal de réconciliation avec soi-même, avec les autres, avec la vie et tout ce qui nous dépasse.

Tu es une corde qui vibre, et dont les fréquences ont la capacité de neutraliser, de transmuter et d'exprimer le meilleur, l'optimal, le Juste !

Tu soignes tous les chocs.

Tu dissipes et résous tous les problèmes liés à l'autodestruction, la co-dépendance, la soumission ou le despotisme.

Tu transformes, mélanges et homogénéises.

Tu rétablies la Justice.

Tu donnes un nouveau souffle à ceux qui se sont sentis victimes de trahison, d'abandon et de mauvais traitements.

Tu favorises le pardon, et neutralises les projections, les colères, le blâme.

J'aime quand tu me calmes, me modères, me pondères et alignes mes plans de conscience, pour plus de cohérence et d'authenticité.

Tu orientes, tu canalises et tu connectes les énergies du mental et des émotions avec les aspirations de l'âme.

Rhodonite, tu es une pierre de prédilection pour le système auditif, car tu procèdes à un réglage méticuleux des vibrations des tympans et de l'oreille interne. Tu harmonises l'écoute intérieure et l'écoute extérieure, offrant des qualités d'adaptation à l'environnement, plus sereines et équilibrées.

Tu es une pierre de confiance, de foi et d'intégrité.

Rhodonite, cristal vertueux, merci de stimuler l'honnêteté, la droiture et la fidélité.

Véritable remède de secours, tu donnes accès à la voie la plus juste, à celle du milieu.

Animée par la Sagesse, tu bannies l'excès, autant que la privation et l'ascèse.

Tu mènes, et tu diriges. Tu affines mon sens de l'orientation, et ma capacité à choisir.

Avec toi, Je reste centré.

Tu es un mandala ; tu es une œuvre d'art !

Tu débloques et fait circuler les énergies, les émotions et les échanges cellulaires.

Tes vertus sont traditionnellement utilisées en lithothérapie pour soigner les inflammations, congestions, contractures et scléroses.

Rhodonite, je t'invoque car tu es une clé pour l'éveil des consciences et l'engagement spirituel.

Tu amplifies les propriétés attribuées aux mantras.

Tes fréquences centrent, alignent et amplifient la cohésion entre les différents centres énergétiques du corps éthérique.

Merci Merci Merci.

Rubis de Fiskenaesset

Tu es une pierre qui reconstitue et revitalise !

Tu modifies ma conscience pour une meilleure ouverture d'esprit !

Je te demande de me protéger totalement contre toute attaque psychique.

Grâce à ton énergie intense, les vampires seront sans force.

Pierre d'abondance et de richesse, Tu es très utile pour protéger la famille, les couples et le patrimoine.

Merci de réactiver mes énergies distribuées aux autres pour leurs propres croissances.

Tes vertus sont en mesure de reconstituer mon être morcelé et mes énergies dispersées.

Ta présence à mes côtés, m'enseigne la passion pour la vie.

Avec toi Rubis, mes énergies sont stimulées, motivées, et tu m'aides à me fixer des objectifs réalisables et sans projections.

Merci d'honorer mon indépendance et mon autonomie affective.

Avec toi, je trouve l'auto-compassion, et je suis plus responsable et actrice de mon bonheur sans rien attendre de l'extérieur.

Ta matrice fortifie ma vitalité sur le plan physique en stimulant la circulation du sang et l'oxygénation.

Merci de m'accompagner pour sortir de l'épuisement, et pour récupérer rapidement du stress enduré.

Tu es une pierre très bénéfique pour lutter contre l'hyperactivité.

Grâce à toi, je suis enfin recentré et libéré des chaines toxiques liées aux influences émotionnelles énergivores, qui s'exprimaient par des pensées, des paroles et des actes démesurés, irréfléchis, réactionnels et souvent compulsifs.

Tes énergies soutiennent mes surrénales, mes reins et mes organes reproducteurs.

Merci Merci Merci.

:

Rubis

Tu es une pierre magnifique qui possède une énergie vibrante.

Tu vivifies, stimules et équilibre mon organisme tout entier.

Tes vertus encouragent la passion dans une dimension juste et harmonieuse, et non pas destructive.

Merci de stabiliser mes émotions et de m'aiguiller vers des objectifs réalistes et réalisables.

Grâce à toi Rubis, je termine enfin ce que j'entreprends.

Tu es une pierre d'amour et de protection.

Considéré comme « Le Roi des gemmes », tu me combles d'amour envers moi-même comme envers mon prochain.

Ta force incroyable me donne envie d'aimer la vie et me donne la force de lutter contre le pessimisme et le découragement.

Merci de me protéger et de défendre mon énergie des attaques psychiques et vampiriques dont je fais l'objet.

Considérée depuis des siècles comme « Pierre de Vie », tu stimules ma force vitale, mon tonus, et tu renforces mon estime de moi et la foi en mes capacités.

Merci Précieux Rubis, de révéler mes dons psychiques et de m'accompagner sur le chemin menant à l'élévation de mon « être ».

Tu es une pierre de sang. Tu aides donc à stimuler le système circulatoire.

Merci Merci Merci.

Sang d'Isis

Tu es l'offrande à la terre !

Tu es une manifestation du féminin respectable, vénérable, prestigieux même !

En ton sein, règne l'épouse loyale, la dignité de la femme et de la mère.

Tu incarnes le cycle de la vie : la naissance, la mort et la régénération.

Tu permets l'acceptation des lois naturelles de l'existence.

Utilisée depuis les temps anciens comme « Pierre de Sommeil », Tu es aussi capable de neutraliser les douleurs féminines les plus vives.

Merci Sang d'Isis, d'apaiser la colère, la jalousie, et l'envie.

Très salutaire pour les femmes en perte de fécondité, tu sais transmuter leur énergie matricielle en énergie fondatrice.

Tu réconfortes les mères « au nid vide ».

Tu dissous l'affliction des fausses couches.

Tes énergies incitent au pardon et atténue les chagrins dus à la perte.

Méditer en ta présence, redonne unité et plénitude, favorisant l'union intérieure des qualités masculines et féminines.

Tu étais dans l'Egypte ancienne, traditionnellement choisie pour guérir le sang, et les organes reproducteurs.

Tu es indiquée dans le cycle prémenstruel.

Tes vertus sont d'un grand soutien pour toutes les épreuves liées au système reproducteur chez la femme, l'entourant de tout ton Amour et de ta Bonté !

Merci Merci Merci.

Saphir

Pierre de Sagesse, ta douceur vibrante décharge nos états d'âme et nous procure paix et sérénité.

« Pierre des sages », tu es un excellent outil de méditation.

Tu stabilises les émotions et combats la désorientation spirituelle.

Pierre protectrice, tu éloignes les énergies négatives, les pensées indésirables et protège du mauvais œil.

Tu dissipes ma tension intellectuelle et mon stress, qui affectent douloureusement mon mental.

Pierre sacrée, tu apportes un équilibre bienveillant pour le corps et alignes le plan physique, mental et spirituel.

Je te demande, Saphir, d'augmenter et de canaliser mes pouvoirs psychiques.

Tu sais me relier au subconscient pour élargir mon intuition.

Tellement bonne pour mes yeux, je te remercie Saphir.

Tu m'aides aussi à atténuer les saignements excessifs et à fortifier mes veines.

Merci Merci Merci.

Sodalite

Tu es un cristal qui joint la logique à l'intuition, permettant au mental de recevoir les informations du plan supérieur, et de comprendre les états dans lesquels on se trouve.

Avec toi j'approfondis ma méditation.

Tu développes mes convictions personnelles et la fidélité envers moi-même.

Tu bloques le brouillard électromagnétique.

Particulièrement judicieuse pour le travail en groupe. Tu inspires l'harmonie et la solidarité. Tu suscites la loyauté, la confiance et la camaraderie, et tu améliores l'esprit d'équipe.

Merci Sodalite, pour ton discernement et ta grande intelligence qui rationnalisent mes pensées, en éliminant la dispersion mentale.

Tu me procures une fluidité verbale lors de l'expression de mes sentiments.

Tu élimines mes conditionnements mentaux désuets et ma rigidité d'esprit.

Tu m'apportes équilibre émotionnel, et tu calmes mes crises de panique.

Tu me permets de lâcher les peurs et les phobies.

Avec toi, je suis moins sur la défensive.

Tu sais éliminer la culpabilité et le besoin de contrôle qui empêche d'être soi-même.

Merci Sodalite, de purifier mon système lymphatique, et d'augmenter mes défenses immunitaires.

Merci Merci Merci.

.

Sugilite

Tu es un cristal d'Amour Universel.

Tu instruis la Sagesse et tu stimules la conscience spirituelle.

Grâce à toi Sugilite, j'ouvre et je connecte tous mes chakras aux plans supérieurs de conscience.

Dans ton champ vibratoire, les vraies questions existentielles se posent.

Tes énergies révèlent le sens de mon existence.

Tu encourages ma foi.

Merci d'accompagner toutes mes quêtes, et de me sécuriser face aux prises de risques.

Tu sais adoucir les traumatismes, les chocs, et les mécontentements, en les enflammant du spectre de Lumière Divine.

Tu évites l'accablement mental, et l'enlisement psychologique.

Tu encourages la pensée positive sans déni, ni compromis.

Tu es utilisée pour ta puissance de protection pour les thérapeutes.

Tes énergies pénètrent et transmutent les forces les plus obscures qui existent.

Tu règles les problèmes affectifs, relationnels, collectifs, et les attachements malsains.

Tu agis sur mon mental, me conférant discernement, intelligence, et lucidité.

Tes énergies sont utiles pour aider l'incarnation à se fixer, et l'œuvre à s'accomplir.

Tu constitues un lien tenace entre l'âme et le corps ; entre l'esprit et la matière, entre les aspirations et la réalisation ; entre les rêves et les circonstances.

Sugilite, tu donnes matière à la réussite, et davantage de consistance à la réalité !

Tu es un canal d'énergie qui harmonise le mental, le corps et l'esprit.

Tes propriétés sont traditionnellement utilisées en lithothérapie pour traiter les douleurs, la souffrance morale, les troubles psychiques, les maladies mortelles, les troubles moteurs.

Merci Merci Merci.

Topaze

Tu es une pierre très positive qui diffuse son énergie puissante là où nous en avons le plus besoin.

Ton éclat naturel stimule, apaise, recharge, guérit, et aligne les méridiens du corps.

Topaze, tu symbolises la foi, le pardon et la loyauté, en puisant dans mes ressources intérieures, et tu m'aides à trouver ma voie.

Tu condamnes l'incertitude, le doute et ouvre le dialogue.

Merci Topaze, de m'aiguiller vers les meilleurs choix et donne-moi l'énergie nécessaire pour aller au bout de mes décisions.

Tu es une pierre d'amour et de chance qui me permet d'être une personne à part entière.

L'énergie vibrante de la Topaze sait défaire la rigidité de mes sentiments et fait de moi une personne solaire, confiante et épanouie, diffusant mes rayons de joie et de générosité partout autour de moi.

Merci Topaze de renforcer l'estime de moi.

Tu es utilisée pour favoriser l'ouverture au monde, la maîtrise de soi et la sagesse intérieure.

Sur le plan mental, tu me donnes confiance en mes compétences et mon savoir. Je suis plus intuitive.

Avec toi, Topaze, je deviens la source de mon propre bonheur.

Merci Merci Merci.

Tourmaline arc-en-ciel

Tu m'annonces un nouveau départ, une nouvelle vision du monde…

Tourmaline, tu es l'élan !

Tes énergies sont rayonnantes de bénédictions.

Tu m'aides à laisser passer les choses…

Grâce à tes couleurs arc-en-ciel, je m'autorise à rencontrer des personnes qui me correspondent. Je les attire.

Tu sais m'apporter charisme et lumière qui rejaillissent sur les autres.

Avec toi, je diffuse Amour et Sagesse en aidant mon entourage à voir leur propre Lumière et la beauté de leur âme.

Merci de manifester ma puissance d'auto-guérison et d'autorégulation.

Merci Merci Merci.

Turquoise Tibétaine

Tu es la pierre de la communication et de l'expression personnelle !

Communication avec mes semblables.

Communication avec le monde physique.

Communication avec les mondes spirituels.

Communication avec moi-même.

Tu construis un pont entre ma tête et mon cœur/corps.

Tu nous réconfortes. Et nous alignes.

Avec toi, je suis en accord avec moi-même !

Lorsque je me trouve dans ton champ vibratoire, tu m'offres une haute protection contre les polluants environnementaux.

Turquoise Tibétaine, tu sais aligner la terre et le ciel, le féminin et le masculin.

En ta compagnie, je peux avec plus d'aisance, parler en public.

Merci de stabiliser mes changements d'humeur et de dissiper mes crises de panique.

Merci de me consolider.

Tu es utilisé pour les défenses immunitaires, et la régénération des tissus.

Tu es une experte pour les yeux, les vertiges, la panique.

Tu es utile contre les rhumatismes, et les brûlures d'estomac.

Originaire du Tibet, ton action principale consiste à mettre en lumière les blocages situés au niveau du chakra de la gorge qui freinent l'expression personnelle.

Merci Merci Merci.

Variscite

Tu es la pierre de l'encouragement.

Avec toi, je reprends espoir !

Tu m'offres vraiment une perspective de guérison.

Tu me soutiens efficacement pour continuer malgré la souffrance.

Tu sais dynamiser mon chakra du cœur et l'Amour inconditionnel.

Tu écartes les illusions et me donnes une image réelle et authentique de moi.

Ta présence à mes côtés, favorise la légèreté et la modération.

Tes fréquences vibratoires m'empêchent de devenir trop sérieux et de me prendre pour un pilier.

Tu sais me délivrer de l'exigence, et de l'autorité mal dirigée.

Je te demande de favoriser mes réflexions claires et mon expression personnelle lumineuse.

Tu es une pierre qui recharge en énergie lorsque les réserves tendent à s'épuiser.

Avec toi, j'ai le droit de sourire, de rire, et d'échanger dans la joie et la familiarité, sans perdre ma dignité.

Tu es très précieuse pour les distensions abdominales.

Merci pour le soulagement de mes crampes et mes spasmes.

Merci Merci Merci.

Conclusion

Anne-Lise Le Saint est née en 1967.

Elle est l'auteure de nombreux ouvrages et créatrice de jeux de cartes.

Fondatrice du site internet "L'âme liseuse", elle propose une boutique en ligne et des formations orientées vers la littérature et la philosophie.

Passionnée par la conscience, elle écrit pour faire parler les symboles et les représentations idéologiques. Mot après mot elle enchante la parole pour donner du sens.

Sommaire

Prologue Page 9

Origine des cristaux Page 15

Aegyrine Page 17

Agate Blanche Page 23

Agate du Botswana Page 25

Agate Feu Page 28

Agate mousse Page 31

Aigue Marine Page 37

Alexandrite Page 42

Angélite Page 43

Apatite jaune Page 47

Béryl Page 52

Brazilianite Page 57

Calcédoine Dendritique Page 61

Calcédoine Page 66

Calcite orange Page 69

Calcite verte Page 71

Cavansite Page 74

Cérusite Page 81

Chrysanthème Page 85

Chrysocolle Page 89

Cyanite Page 92

Dioptase Page 95

Dumortiérite Page 100

Emeraude Page 107

Grenat Page 108

Jade Page 113

Jade Céleste Page 117

Jadéite Fluorescente Page 121

Jade rouge Page 122

Kunzite Page 126

Larimar Page 129

Larme de Diamant Page 131

Lave noire Page 137

Lave rouge Page 139

Lépidolite Page 142

Limonite Page 145

Magnétite Page 148

Malachite Page 151

Œil du Faucon Page 156

Œil du Tigre Page 159

Okénite Page 162

Onyx Page 166

Opale bleue Page 170

Or Page 173

Péridot Page 176

Pétalite Page 181

Pierre de lune Page 185

Pierre de Soleil Page 188

Préhnite Page 195

Pyrite de fer Page 198

Quartz bleu Page 201

Quartz rose Page 203

Rhodochrosite Page 206

Rhodonite Page 210

Rubis de Fiskenaesset page 216

Rubis Page 220

Sang d'Isis Page 223

Saphir Page 226

Sodalite Page 229

Sugilite Page 232

Topaze Page 236

Tourmaline arc-en-ciel Page 239

Turquoise Tibétaine Page 241

Variscite Page 244

Index

Abandon Page 96

Abondance Page 33, 131, 158, 216

Aboutissement Page 52 et 80

Accomplissement Page 162

Acouphènes Page 78

Action Page 72 et 111

Agitation Page 104

Agir Page 51

Alignement Page 81, 149, 215, 227, 241

Allergie Page 144

Altruisme Page 47 et 126

Amasser Page 196

Âmes sœurs Page 104 et 207

Amitié Page 63

Amour Infini Page 195

Amour Page 87, 97, 126, 128, 149, 203, 221

Amour Propre Page 173

Ancêtres Page 182

Ancrage Page 81, 145, 148, 199

Anémie Page 112

Ange gardien Page 43, 128, 181

Angoisse Page 23

Anxiété Page 53 et 126

Apaisement Page 119, 185, 202

Appréhensions Page 23

Apprentissage Page 72 et 102

Araignée Page 26

Artistes Page 84 et 170

Aspirations Profondes Page 114

Assurance Page 118

Asthme Page 155 et 208

Attaque Psychique Page 216

Audace Page 19

Audition Page 78

Autodétermination Page 82 et 122

Autodiscipline Page 122 et 201

Auto guérison Page 149, 193, 240

Autonomie Page 56, 113, 122, 143, 177

Auto-Sabotage Page 129

Avenir Page 53

Beauté Page 45 et 86

Bipolarité Page 129 et 137

Blocages Page 33 et 153

Bonheur Page 188

Calme Page 69, 89, 119

Calomnie Page 145

Cellulite Page 50

Centré Page 149, 167, 214

Certitude Page 19

Chagrin Page 49, 89, 126, 208

Chakra du cœur Page 126 et 176

Chakra racine Page 145, 157, 168, 207

Chance Page 113, 122, 148, 189, 237

Changement Page 32, 42, 86, 153, 203

Changement Page 86

Charges Page 196

Charisme Page 18 et 111

Chocs Page 98 et 211

Choix Page 19, 143, 210, 214, 237

Cicatrisation Page 115

Circoncision Page 112

Circulation du sang Page 62 et 87

Clairaudiance Page 106

Clairvoyance Page 107 et 118

Cœur Page 126 et 142

Cœur Page 87 et 105

Colère Page 49, 94, 125, 149, 212

Commencement Page 32

Communication Page 39, 83, 93, 171, 241

Concentration Page 106 et 149

Confiance Page 85 et 102

Conflits Page 146

Confusion Page 49, 76, 127

Congestions Page 215

Connaissance Page 49 et 195

Conscience Page 74, 151, 162, 232

Constructivité Page 122

Contrôle Page 231

Cou Page 42 et 130

Courage Page 19, 53, 116, 123, 244

Courbatures Page 215

Crampes Page 246

Créativité Page 25, 72, 121, 129, 170

Crise Page 110

Croyances Page 105

Culpabilité Page 129, 133, 163, 177, 231

Décision Page 143, 210, 214, 237

Défense Page 146

Défi Page 110

Dents Page 77

Dépendance affective Page 143 et 190

Dépendance Addiction Page 23

Dépression Page 137, 189, 202, 208

Désespoir Page 137 et 201

Destinée Page 162 et 178

Détente Page 93

Détermination Page 94 et 102

Détox Page 91

Deuil Page 103 et 224

Dignité Page 86 et 173

Discernement Page 38, 49, 72, 90, 107, 210

Discrétion Page 170

Dispersion des énergies Page 167 et 217

Dons Psychiques Page 222

Douleur Page 78 et 149

Doutes Page 102, 119, 137

Ecoute Page 213

Ego Page 195

Electromagnétique Page 142

Elégance Page 146 et 188

Emotions Page 155, 168, 171, 185

Endurance Page 145

Enfant intérieur Page 44 et 96

Enfants Page 88 et 204

Engagement Page 18 et 107

Entités Page 130, 176, 182

Epanouissement Page 167

Eparpillement Page 167

Epaules Page 197

Epuisement Page 44, 49, 150, 171, 199, 218

Equilibre Page 146

Espoir Page 244

Esprit Critique Page 127

Estime de soi Page 167

Estomac Page 30, 40, 243

Etude Page 72

Eveil Page 114

Excès Page 214

Facilité Page 80 et 114

Famille Page 216

Fantômes Page 130

Fatigue Page 98

Fausses couche Page 224

Fécondité Page 23 et 224

Féminité Page 154 et 223

Fertilité Page 109

Fidélité Page 171 et 214

Fière Page 19 et 57

Fièvre Page 36, 146, 150

Foi Page 232

Foie Page 42, 91, 146

Force Masculine Page 111

Force Page 85, 98, 133, 166, 173

Force Vitale Page 221

Fraternité Page 61 et 66

Frigidité Page 109

Fringale Page 50

Frontières Page 57 et 143

Frustration Page 94

Gencives Page 40

Générosité Page 61

Géobiologie Page 196

Glaucome Page 135

Gorge Page 39, 43, 142, 243

Grippe Page 115

Habitation Page 89

Horloge biologique Page 186

Hormones Page 30, 82, 171

Hyperactivité Page 40, 48, 197, 218

Hypersensibilité Page 31 et 40

Ignorance Page 118

Illumination Page 118 et 194

Illusion Page 156, 186, 244

Immunité Page 72 et 231

Inconscient Page 185

Indépendance P19, 143, 217

Infection Page 36

Inflammation Page 35 et 215

Influençable Page 21 et 177

Inquiétude Page 76

Insomnie Page 104

Inspiration Page 47, 74, 107

Intelligence émotionnelle Page 69, 71, 150, 186

Intelligence Page 49, 75, 155, 198

Intelligence Supérieure Page 134

Intestins Page 91 et 105

Intuition Page 33, 93, 156, 229

Jardin Page 29

Joie Page 179, 207, 237

Justice Page 94, 116, 146, 212.

Karma Page 77, 82, 100, 162, 165, 206.

Lâcher-Prise Page 239

Liberté Page 57 et 174

Libido Page 29

Limites Page 58

Linguistique Page 101

Logique Page 121 et 229

Lucidité Page 133 et 178

Lumière Page 132

Magnétisme Page 42, 150, 200

Maitrise Page 80 et 179

Malédiction Page 28

Manque Page 96 et 196

Mantras Page 215

Masculin Féminin Page 185

Mathématique Page 121

Mauvais esprits Page 176

Mauvais Œil Page 226

Méditation Page 76, 89, 146, 148, 208, 225, 229

Mélancolie Page 61

Mémorisation Page 149

Mensonges Page 207

Mental Page 37 et 227

Métaux lourds Page 60

Migraines Page 99 et 115

Minéraux Page 46

Modestie Page 116

Moi Supérieur Page 162

Motivation Page 18, 48, 72, 90

Muscles Page 42

Nature Page 152

Nausées Page 98

Nerf optique Page 155

Nerfs Page 40 et 84

Nostalgie Page 197

Nourriture saine Page 50

Nouveau Page 32,164, 239

Objectifs Page 56 et 159

Objectivité Page 167

Obsession Page 142 et 177

Optimisme Page 80

Oreilles Page 213

Organes sexuels Page 64 et 208

Organisation Page 52, 100, 196

Orgueil Spirituel Page 149

Os Page 78 et 91

Ouverture d'esprit Page 216

Paix Page 23, 128, 139, 203

Pancréas Page 50

Panique Page 23, 230, 242

Pardon Page 59 et 163

Passion Page 108 et 124

Passion Page 220

Patience Page 92, 106, 107

Patrimoine Page 216

Peau Page 23, 35, 73, 88, 165, 179, 205

Persévérance Page 101 et 145

Peurs Page 23, 90, 149

Phobie Page 90

Plexus solaire Page 176, 188, 194, 207

Pollution Page 142 et 151

Positivisme Page 206

Posture Page 147

Poumons Page 54 et 87

Poumons Page 91

Presbytie Page 40

Présent Page 78 et 95

Procrastination Page 52

Projets Page 38

Prostate Page 112

Protection Extrême Page 137

Protection Page 112, 136, 156, 159, 196, 198, 221

Puissance personnelle Page 161

Pureté Page 23 et 131, 134, 149, 181

Purification Page 69, 71, 95, 115, 142, 146, 176

Rafraichir Page 32

Rajeunissement Page 73

Rate Page 50 et 62

Réalisation Page 56 et 162

Réaliste Page 29, 93, 220

Réconciliation intérieure Page 82

Réconciliation Page 92 et 211

Réconfort Page 73 et 126

Rédaction Page 101

Refoulement Page 207

Régénérer Page 17, 189, 217, 223

Regrets Page 197

Reins Page 44, 77, 91, 115, 147

Relationnel Page 97, 131, 137, 190, 206, 210

Remède de secours Page 214

Remords Page 197

Rencontres Page 104, 109, 201, 239

Répartie Page 143

Respiration Page 91, 183, 205

Responsabilité Page 58, 108, 149, 168,179

Rétention d'eau Page 46

Rêves Page 93 et 153

Richesse intérieure Page 173

Richesse Page 131 et 216

Rigueur Page 137 et 201

Rire Page 246

Sagesse Page 93, 113, 118, 122, 149, 214, 226, 232, 238

Saisons Page 31 et 189

Sang Page 62, 68, 77, 98

Satisfaction Page 113

Schémas répétitifs Page 163

Scléroses Page 215

Sécurité Page 28, 148, 158

Sens de la vie Page 140

Sensualité Page 26, 170

Sérénité Page 113 et 195

Sexualité Page 154.

Solidarité Page 230

Somatisation Page 43

Sommeil Page 40 et 143

Souplesse Page 146

Spasmes Page 246

Spiritualité Page 128, 226, 232

Stagnation Page 34 et 69

Stimulation énergétique Page 150

Stimulation mentale Page 121

Stress Page 99 et 198

Tabagisme Page 64

Talents Page 137 et 161

Télépathie Page 61

Tendresse Page 87 et 205

Terre Page 145 et 223

Thyroïde Page 39 et 92

Timidité Page 153 et 172

Tolérance Page 38

Toxines Page 27

Trahison Page 212

Tranquillité Page 113 et 137

Transition Page 142

Traumatisme Page 169

Traumatismes Page 75, 154, 169, 212

Vampirisation Page 216, 221

Vérité page 17, 118 et 206, 207

Verrues Page 72

Vésicule Page 62

Vertiges Page 99 et 155

Vésicule Page 50

Victime Page 57

Vide Page 196

Vigueur Page 160 et 167

Vigilance Page 137

Virilité Page 109

Visualisation Page 53

Vitalité Page 216

Volonté Page 42

Vulnérabilité Page 59

Yeux Page 62, 111, 179, 183